AF393861

<u>Ein paar persönliche Worte:</u>

Eine Mutter ist der einzige Mensch auf der Welt, der dich schon liebt, bevor er dich kennt.
(Johann Heinrich Pestalozzi)

Dieses Zitat gehört wohl zu die zutreffendsten und tröstlichsten, die ein Mensch über das Mutter-Kind-Verhältnis gesagt hat.

Ich möchte dieses Buch meiner großartigen Mutter widmen.

Ohne meine, in einfachen und obendrein noch politisch schwierigen Lebensverhältnissen aufgewachsene, aber sehr kluge Mutter wäre ich nicht das, was ich heute bin. Sie war der Anker in meiner Kindheit und Jugend, sie war meine Stütze und lieferte mir Geborgenheit, sie gab mir Rat und Weisheit mit ins Leben und sie zeigte ein großes Verständnis bei meinen Träumen von fernen Ländern und Völkern.

Ein unbezahlbarer Schatz für die Entwicklung eines Kindes zum Erwachsenen.

Rodolfo Di Telo

Mehr Europa wagen - Die Vision

Die Überwindung der Staateritis
(eine „europäische Erbkrankheit")

Die Erneuerung des Europäischen Schlosses

Ein Diskussionsangebot
an junge und junggebliebene Europäer

Impressum

Bibliografische Information der Deutschen Nationalbibliothek:
Die Deutsche Nationalbibliothek verzeichnet diese Publikation in der Deutschen Nationalbibliografie; detaillierte bibliografische Daten sind im Internet über http://dnb.dnb.de abrufbar.

© 2021 Rodolfo Di Telo

Lektorat: Rodolfo Di Telo
Zeichnungen, Skizzen, Tabellen: Rodolfo Di Telo, Luff

Herstellung und Verlag: BoD – Books on Demand, Norderstedt

ISBN: 978-3-7534-5776-5

<u>Prolog:</u>

„Es liegt eine Art Magie über dem Fortgehen, um dann völlig verändert zurückzukehren."
(Kate Douglas Wiggin)

Ich musste wohl erst eine Weltreise machen und nach Neuseeland und Australien kommen, um den wahren Schatz Europas zu erkennen. In meinem Buch „Wir Europäer wollen wieder mehr Europa wagen" habe ich beschrieben, warum das Buch überhaupt entstand. Es waren zwei Aspekte, die zusammenkamen, die Weltreise per se sowie die Auswirkungen der Corona-Pandemie, in die meine Frau und ich völlig unvorbereitet hineingeraten waren. Beide Faktoren ließen uns gemäß Kate Douglas Wiggin von der Weltreise *völlig verändert zurückkehren.*

In diesem Zusammenhang möchte ich Herrn Christopher Clark herzlich zu seiner Fernsehdokumentation „Die Europa Saga" gratulieren. Sie umschreibt sehr pointiert die Stärken, aber auch die Schwächen unseres einzigartigen Kontinents. Man muss wohl auf den Antipoden Europas zu Hause sein, um die wahren Schätze Europas zu erkennen.

Unser Europa ist ein so schöner Kontinent! Es lohnt sich für ihn zu kämpfen. Es lohnt sich, dass wir uns unserer „Erbkrankheit" besinnen und sie versuchen zu überwinden!

Inhaltsverzeichnis

1.0. ZUSAMMENFASSUNG

„Ein Gespenst geht um in Europa – **das Gespenst des Kommunismus**. Alle Mächte des alten Europa haben sich zu einer heiligen Hetzjagd gegen dies Gespenst verbündet"
(Quelle: Karl Marx, Manifest der kommunistischen Partei, 19. Jahrhundert)

Visionen können die Welt verändern, glaubhaft formulierte politische Ziele können uns Menschen in den Bann ziehen. An großen Ideen können wir unseren inneren Kompass ausrichten, um dann in die gleiche Richtung zu denken und entsprechend zu handeln.

Fast wäre das oben im Zitat erwähnte Ziel gelungen: Bis 1990 hatte *dieses Gespenst* das komplette Osteuropa *fest im Griff*. Die Vision scheiterte, weil die Theorie (Marx) an der gelebten *Diktatur des Proletariats* (Murks) zerbrach. So *schenkelklopfend* belächelt in einem alten österreichischen *Faschingskalauer* der 1960-Jahre *(„Was ist der Unterschied von Marx und Murks? Marx, das ist die Theorie, Murks, das ist die Praxis!")*.

Die Praxis zeigt heute nach über 30 Jahren, dass *der Kommunismus* nicht tot und wir (noch lange) nicht *am Ende aller Tage* (Francis Fukuyama) angekommen sind, sondern dass er im bevölkerungsmäßig größten Land der Erde, in China, politisch fest verankert ist. Dieses Land schwingt sich auf, auch wirtschaftlich und militärstrategisch eine bestimmende Weltmacht zu werden. Auch Putins Russland ist wieder dabei, (militärstrategischen) Weltstatus zu erlangen.

Wir Europäer können und dürfen meines Erachtens nicht mehr tatenlos zusehen. Wir dürfen mit unserem großen und reichen Frachtschiff nicht mehr *nur auf Sicht fahren*, sondern wir müssen ihm eine Richtung geben. Und wir brauchen eine von uns europäischen Bürgern gewählte Führungsmannschaft.

Wir brauchen ein gemeinsames (politisches) Ziel, das es uns ermöglicht, auch in der Zukunft stark und einheitlich gegen diese Bedrohungen zu bestehen. Wir müssen unsere tiefsitzende *europäische Erbkrankheit Staateritis* überwinden und ein neues Manifest für das 21. Jahrhundert formulieren:

„Ein Gespenst geht um im Europa des 21. Jahrhunderts, das Gespenst der

Vereinigten Staaten von Europa!

Alle Mächte der alten europäischen Nationalstaaten aus dem 20. Jahrhundert haben sich zu einer heiligen Hetzjagd gegen dies Gespenst verbündet!"

So werden jetzt alle aufheulen, die die Gegner der Vereinigten Staaten von Europa (VSE) sind.

Viele schrieben schon über dieses Gespenst. Ich zähle nur ein paar auf und sie kommen mir vor wie hervorgekramt aus der verstaubten Asservatenkammer der europäischen Geschichte.

„Niemand will seine Sprache aufgeben", „die kleinen Länder wollen ihr Gewicht und ihre Steueroasen nicht aufgeben", „nur eine kleine Minderheit will ihre Nation auflösen", „es gibt keine Mehrheiten für das Raumschiff Brüssel", „es gibt keine Mehrheiten für einen Wohlstandstransfer", „keine Mehrheiten für ein Mehrpartei-enhaus ohne Wohnungstüren"
(Quelle: Jörg Gastmann in Economy-for-mankind, 2017)

Für Menschen, die so denken, sind die Vereinigten Staaten von Europa tatsächlich ein Gespenst. Für so Phantasierende sind die Vereinigten Staaten von Europa (VSE) ein böser Alptraum, der möglichst nie Realität werden soll. Für die dazugehörigen (politischen) Kleinkönige und Landesfürsten sind die VSE eine natürliche Bedrohung ihrer Macht und Geltungssucht, die es zu bekämpfen gilt. Und vorausgeschickt, sie tun auch wahrlich nichts, sie halten die Füße still und wollen so „keine schlafenden Hunde wecken". Unsere aktuellen Kleinkönige wollen oder können keine Vision von Europa entwickeln!

Aber das sind für mich die wahren „Kranken", das sind für mich die, die an der schwer zu heilenden *europäischen Erbkrankheit* Staateritis leiden (andere nennen sie „Nationalitis"), das sind die, die bereits in (politischer) Agonie liegen, weil sie zu viel (politisches) Morphium verabreicht bekommen haben und daher keine Vision mehr für Europa entwickeln können. Die Staateritis erlebt sich wie eine politische Alzheimererkrankung; zukunfts- und erwartungslos haben sich die Erkrankten ihrem Schicksal ergeben und harren dem europäischen Ende entgegen. Der physische Körper ist zwar noch lebendig, aber ihre Augen sind getrübt und der Geist ist so geschwächt, dass sie nicht mehr sehen oder nicht mehr sehen können, dass das Europa, die EU von heute schon längst keine globale Führungsstellung mehr inne hat, sondern durch ein, durch Hedonismus zersetztes, amorphes Gehirn geprägt ist.

Die anderen globalen Mächte wie China, Russland, Indien oder auch die USA können bestenfalls nur mitleidig lachen, oder sie erwarten schlimmstenfalls noch die Beerdigung Europas, um das wertvolle Erbe unter sich aufteilen zu können.

Der europäische Patient braucht dringend eine Medizin, um sich von seiner Krankheit zu erholen. Das Corona-Virus, das tatsächlich aus China eingeschleppt wurde, steht sinnbildlich für unsere europäische Unfähigkeit Immunität gegenüber unseren großen weltpolitischen Wettbewerbern zu entwickeln. Hilflos sind wir den außereuropäischen Einflüssen ausgeliefert, der europäische Torso ist aktiv, allein der steuernde Kopf dämmert kraftlos dahin.

Wir müssen unser *bleiernes und mittelalterlich anmutendes* Nationalstaatsdenken überwinden und aufbrechen in eine *europäische Neuzeit* mit modernen *europäischen Aufklärern*, wie es einst die Philosophen Voltaire, Kant und Hegel waren.

So wie unsere europäischen Wissenschaftler federführend eine Impfung gegen das schreckliche Corona-Virus gefunden haben, werden auch wir Europäer ein Mittel gegen unsere europäische Erbkrankheit finden. Und wie so oft in der Vergangenheit werden das unsere jungen Europäer sein, die Fahne schwingend und euphorisch in die Zukunft blickend.

So wie die Jungen vorwiegend immun gegen das Corona-Virus sind, so wird unsere europäische Jugend die zersetzende Staateritis überwinden.

Mit einer neuen Vision von einem vereinigten Europa wird sich die europäische Jugend länderübergreifend zusammentun, supranationale europäische Parteien gründen und auf die EU einwirken, damit sie supranationale Staatsmedien gründet, um für alle europäischen Bürger gleichermaßen die gleichen Informationen zur Verfügung zu stellen.

Sie werden dieses Vorhaben mit einer Handvoll williger Staaten beginnen und zu den Vereinigten Staaten von Europa bündeln; alle Europäer werden dann sehen, dass die Vereinigten Staaten kein böses Gespenst sind, sondern der große Schritt in eine ruhmreiche Zukunft. Nach und nach werden dann weitere Länder den VSE beitreten, bis sie alle wieder zusammen sind, vereint zu einem großen Ganzen.

Die jungen Europäer werden unserem gemeinsamen EURO-PÄISCHEN SCHLOSS wieder Glanz und Geschichte verleihen, sie werden es vom Dach bis in den Keller renovieren, neue Sicherheitstechnik einbauen und so für außereuropäische Kräfte unüberwindbar machen.

Viele Gäste werden das erneuerte Schloss besuchen und seine Schönheit bewundern. Sie werden erstaunt sein von der Pracht, die das Palais ausstrahlt.

Das ist die VISION Europas.

2.0. DIE ENTWICKLUNG DER EU

Ich glaube an die Wertegemeinschaft der Europäischen Union, die Achtung der Menschenwürde, die Freiheit, die Gleichheit und die Wahrung der Menschenrechte. Die Freiheit und die Gleichheit aller Menschen sind die höchsten Güter eines Rechtsstaates.
(Dr. Brigitte Beierlein, Bundeskanzlerin Österreich)

<u>Europa nach dem 2. Weltkrieg bis 1990</u>
Die Europäische Union (EU) steht heute vor großen Herausforderungen. Nicht immer in der Vergangenheit ist die EU vor so großen Fragestellungen gestanden, auf die sie jetzt und in naher Zukunft für sich neue Antworten finden muss.

Bis 1990 war die EU, oder besser der Vorgängerverbund, die Europäische Wirtschaftsgemeinschaft (EWG, später Europäische Gemeinschaft (EG)) eine relativ kleine und exklusive Gruppe von 12 westeuropäischen Staaten (inkl. Großbritannien). Das politische Umfeld war relativ klar umrissen, der westliche Teil Europas orientierte sich an marktwirtschaftlichen Wirtschaftssystemen, im Wesentlichen mit den USA als Schutzherren, während der östliche Teil Europas im Einflussgebiet der Sowjetunion stand und kommunistische Wirtschaftsziele verfolgte. Schon in den 1980er-Jahren war klar erkennbar, dass das marktwirtschaftliche System dem kommunistischen weit überlegen war und es nur eine Frage der Zeit sein wird, wann das kommunistische Wirtschaftssystem Risse bekäme und seinen wirtschaftlichen *Offenbarungseid* leisten müsse. Die Sorge des westlichen Bündnisses war dabei, wie der Kommunismus *zu Grabe getragen* würde, entweder von innen, mittels Aufstand der Ostbürger, oder von außen durch kriegerische Auseinandersetzungen. In beiden Fällen ging man im Westen davon aus, dass es eventuell viele Tote und Verletzte geben könnte, je nachdem wie stark der Widerstand der kommunistischen Parteikader und des Militärs im Ostblock noch war.

In den Jahren 1989/1990 ging der Umsturz plötzlich ganz schnell vonstatten und in den meisten Ostländern praktisch ohne Blutvergießen, fast wie ein Wunder; lediglich in Rumänien waren viele Tote zu beklagen. Der östliche Kommunismus kapitulierte vor der westlichen Marktwirtschaft, der Ostblockriese implodierte praktisch vollständig durch finanzielle und wirtschaftliche Auszehrung.

<u>Europa nach 1990</u>

Der kommunistische Ostblock zusammen mit der Sowjetunion war dem Zerfall preisgegeben und die postsowjetischen Nachfolgeländer waren so mit sich selbst beschäftigt, dass sie wenig oder nichts gegen die Expansionspläne der EU tun konnten. Widerwillig schauten die Nachfolgestaaten zusammen mit ihren Diktatoren zu, wie die EU ein williges Land nach dem anderen integrierte. Dabei war die Wiedervereinigung der beiden deutschen Staaten noch die geringste Sorge, die das wiedererstandene Russland umtrieb; es waren jene ehemaligen Ostblockländer, über die Russland gewisse Hegemonialansprüche erhob und immer noch erhebt, wie zum Beispiel über die baltischen Staaten, Lettland, Estland und Litauen, weil sie direkt an Russland grenzen und damit als *regionale Puffer vor der Türe* zu Russland wegfielen.

Außerdem war Russland auch mit sich selbst beschäftigt, weil es durch innere Korruption und wirtschaftlichen Niedergang derart lahmgelegt war, dass es weder ökonomisch noch militärstrategisch dem kapitalistischen Westen, im Wesentlichen den USA auf Augenhöhe begegnen konnte. Russland musste zusehen, wie ein Land nach dem anderen *von der Stange ging.*

Nur mit Mühe konnte Russland Länder wie Weißrussland oder auch die Ukraine mittels russlandtreuer Diktatoren an sich binden, mit mehr oder minder stillem Einverständnis der jeweiligen Bevölkerung.

Und so wechselten praktisch alle mittelosteuropäischen Länder, angefangen mit Polen über Tschechien und die Slowakei bis hin zu Ungarn und letztlich Rumänien und Bulgarien, die Einflusssphären und schlüpften unter das, seitens der Westeuropäer weit ausgebreitete Dach der EU. Ganz schnell dabei waren die oben erwähnten baltischen Staaten Lettland, Estland und Litauen, weil sie (berechtigte) Angst vor dem Wiedererstarken Russlands hatten. Weitere Staaten wie Slowenien und Kroatien folgten.

So waren bis zur letzten Zählung 28 Staaten unter dem Dach der EU vereinigt. Es herrschte große Hoffnung und Zuversicht, dass mit dem *Sieg des Kapitalismus* über den Kommunismus praktisch alle Bedrohungen und Hindernisse aus dem Weg geräumt waren. Im Wesentlichen waren auch die EU-Bürger mit der Vorgehensweise einverstanden und viele standen den Friedensbewegungen sehr positiv gegenüber.

Laut erschallte durch Europa der Ruf „Schwerter zu Pflugscharen" und es wurden mehrere Abrüstungsverträge abgeschlossen. Auch die Abrüstung selbst wurde in großem Maße vollzogen. Ich denke nur an die START-1- Verhandlungen, die tatsächlich zu einer Verringerung von nuklearen Sprengköpfen führten. Alle waren glücklich und zufrieden. Nur nebenbei, der folgende START-2-Vertrag wurde schon nicht mehr umgesetzt.

China war in den 1990er-Jahren ein noch nicht wirklich, globaler Machtfaktor, die ehemalige Sowjetunion nicht mehr existent und Russland praktisch wirtschaftlich, und in gewisser Weise auch militärstrategisch, (noch) nicht wiedererstarkt.

Die USA waren also, mit großem Abstand, die einzige und auch wirkliche, globale Großmacht, sowohl wirtschaftlich als auch militärisch.

Die EU mit Frankreich und England waren wirtschaftlich sicher stark, aber militärstrategisch bei Weitem nicht auf dem Niveau der USA. Und in Europa wollte man auch nicht (mehr) militärisch stark sein.

Die gesamte Wirtschaft konnte sich nun auf die Globalisierung konzentrieren. *Die ganze Welt war ein großer Markt geworden* und die EU, mit vielen wirtschaftsstarken Ländern wie Deutschland, England, Frankreich wurde zu einem großen und globalen Player.

<u>Die EU, ein „Friedensprojekt", eine „sanfte Macht"</u>

Militärische Stärke war für die EU nicht mehr wichtig, war doch der Kommunismus, zusammen mit seinen vielen Ideologen, samt und sonders zusammengebrochen. Wozu also in Waffen investieren, wenn es keinen Feind mehr gibt? Es herrschte die Meinung vor, dass das erwirtschaftete Vermögen besser investiert werden sollte als in Panzer und Atombomben, was grundsätzlich eine richtige Überlegung ist.

Und so wurde die Verteidigungsbereitschaft, auch im Verständnis der gesamten europäischen Bevölkerung, immer mehr zurückgefahren; die Verteidigungsbudgets wurden von Jahr zu Jahr verkleinert und zusammengestrichen. Ich verweise dazu gerne auf meine Tabellen in Kapitel 12, NATO und EU/VSE.

In Deutschland war die Friedensbewegung besonders ausgeprägt, sollte ja *von deutschem Boden kein Krieg mehr ausgehen*. Des Weiteren war Deutschland tatsächlich zufrieden und sprichwörtlich mit sich eins, war doch die Wiedervereinigung der beiden deutschen Staaten zu einem einheitlichen Ganzen weitgehend ruhig und völlig ohne Blutvergießen abgelaufen. Beide Deutschlands konnten nach langer und schwerer Zeit wieder *ehrlich in den Spiegel blicken* und Freude zeigen.

Der ganze Wiedervereinigungsprozess war eingebettet in die „2 plus 4"-Verhandlungen; zusammen also mit den vier Siegermächten nach dem 2. Weltkrieg, den USA, der Sowjetunion, Frankreich und Großbritannien sowie die BRD und der DDR. Völkerrechtlich war es ein Beitritt der DDR zur BRD.

In Europa war daher *alles in Butter*, das reiche Westdeutschland war *politisch eingehegt*, musste es nun den maroden, und von den Kommunisten herabgewirtschafteten Osten Deutschlands vollständig aufbauen und den Menschen in den fünf neuen Ländern unter die Arme greifen. Von Deutschland ging also keine Gefahr mehr aus, *Deutschland war beschäftigt*. Ergänzend wurde auch noch eine neue Währung, der Euro, eingeführt und so konnten praktisch alle Länder ihre Volkswirt-schaften ausbauen und ihr jeweiliges Bruttonationalprodukt steigern.

Das Friedensprojekt EU war *auf Kiel gelegt* und sollte zukünftig prosperieren, was es auch tat. Die Europäische Union brauchte nur noch Handel treiben, innere und äußere Sicherheit spielte keine Rolle mehr.

Es herrschte eine große Aufbruchstimmung in Europa, und auch in der gesamten Welt; es wurde sogar das „Ende der Ge-schichte" (Francis Fukuyama), der finale Sieg der liberalen De-mokratie gegenüber anderen Politsystemen, ausgerufen.

Der Wegfall der Grenzen in Europa durch die Maastrichtver-träge sorgte für einen (weitgehend) ungehinderten Aufbau der individuellen Volkswirtschaften innerhalb der vergrößerten EU; nach und nach wurden die meisten mittelosteuropäischen Län-der in die EU integriert. Durch den Wegfall der Zölle innerhalb der EU entstand der größte Binnenmarkt der Welt und die eu-ropäischen Unternehmen waren damit in der Lage ihre Pro-dukte immer günstiger und wettbewerbsfähiger herzustellen, was sich auch im erwirtschafteten europäischen Nationalpro-dukt messbar niederschlug. Europa wurde immer reicher und wirtschaftlich mächtiger.

Europa wurde eine globale „sanfte (Wirtschafts)Macht"!

Was in der EU (und in Europa) nicht verfolgt wurde und sicher-lich auch von vielen Staaten nicht gewollt war, war eine voll-ständige Integration der Nationalstaaten zu einer wirtschaftli-chen UND politischen Einheit. Es folgte teilweise eine Finanzu-nion mit der Gründung der Währungseinheit „Euro" und einer Europäischen Zentralbank (EZB). Damit erschöpfte sich die EU in ihren Vereinigungsbestrebungen. Weitere Ideen, wohin sich die EU zukünftig hin entwickeln sollte, waren nicht mehr ge-fragt.

Dieser Mangel an einer politischen Einheit entpuppte sich später als *Achillesferse* der EU und ist wohl Teil des heutigen Desasters und der Unfähigkeit der EU auf innere und äußere Einwirkungen passgenau zu reagieren. Die EU wirkt heute eher wie ein aufgeschreckter Hühnerhaufen als eine Macht, die mit einer Stimme spricht.

3.0. DIE FOLGEN DER STAATERITIS

Im Laufe der Jahre schlichen sich diverse Friktionen in das Friedensprojekt ein, auf die die EU bis heute keine befriedigenden Antworten liefern kann. Dafür steht wohl die Staateritis im Weg!

Mit dem Zerfall des Sowjetkommunismus und des gesamten Ostblocks herrschte in den 1990er-Jahren eine große Aufbruchsstimmung in ganz Europa; alle Länder waren dabei, ihre Ökonomie voranzubringen, übersahen aber dabei, dass sich an anderen Stellen in der Welt Entwicklungen beschleunigten, die letztlich für die heutigen, globalen Unwuchten verantwortlich sind.

Und gerade da versagt die politische Struktur der heutigen EU; sie findet keine Lösungsansätze und Antworten für die großen und langfristigen Herausforderungen in der heutigen Zeit, sowohl innerhalb wie auch außerhalb der EU. Unsere nationalen Kleinkönige und Fürsten haben nämlich keine Vorstellung von einer zukünftigen EU, sie haben keine Vision von unserem zukünftigen Europa. Ich bin mir sicher, dass die Probleme erkannt sind, aber unsere aktuellen Politiker haben nicht, oder nicht mehr, die Kraft sie zu lösen. Sie sitzen allesamt bräsig in ihren nationalen Sesseln, lassen sich von ihren Völkern beweihräuchern, schimpfen auf die Unfähigkeit der EU, wollen aber laufend Geld von ihr beziehen, um ihre Klientel zu bedienen.

Folgende transnationale Probleme sind akut, die Aufzählung erhebt keine Vollständigkeit:

- Klimawandel und globale Erderwärmung
- Gesundheit und Gesundheitssysteme
- Verteidigung und globale Machtansprüche
- Hegemonialansprüche der heutigen Großmächte China und Russland
- Spalterische Kräfte von außen

- Die Stellung der EU innerhalb der NATO
- Einwanderung und globale Migration
- Die laufenden Zentrifugalkräfte innerhalb EU ausgelöst durch die Staateritis
- Konfliktherde innerhalb Europas wie am Balkan, in Armenien, im Mittelmeer, in Weißrussland, in der Ukraine etc
- Die verstärkte Islamisierung in der Welt und ihre Auswirkung auf die Globalpolitik
- Der Austritt Großbritanniens aus der EU
- Die Integration Nordirlands und Schottlands als Folge des Brexits
- Innere Schwachstellen wie Rechtsstaatlichkeit, Wirtschafts- und Finanzpolitik

Jedes einzelne, der oben genannten Sorgenpakete, ist ein politischer Kraftakt für sich und bedarf einer gemeinsamen und starken Antwort der EU.

Und es bedarf obendrein der Abstimmung mit anderen, meist außereuropäischen, Staaten und Mächten.

Aber was passiert wirklich?

Unsere (nationalstaatlichen) Außenminister *jetten rund um den Globus*, jeder für sich, der eine mehr, der andere weniger. Sie drohen mit Sanktionen, sie plustern sich auf - und knicken spätestens dann ein, wenn nur ein einzelnes, nationales Interesse berührt wird.

Sie treffen sich zu gemeinsamen EU-Abstimmungen, zusammen mit ihrem Hohen Vertreter der EU für Außen- und Sicherheitspolitik, der zudem die Arbeit der EU-Sonderbeauftragten koordiniert, sie besprechen Sanktionen, können aber nur etwas unternehmen, wenn alle Staaten damit einverstanden sind. Und es gibt 27 Mitgliedsstaaten, die in solchem Fällen *palavern*. Da findet sich immer ein Land, das betroffen ist, und sein Veto einlegt. Und zusätzlich gibt es noch die 27 Staatschefs, wovon jeder einzelne auch noch ein Wörtchen mitreden möchte.

Am Ende muss ein Interessensausgleich her, damit das Land, welches ein Veto erhebt, zufriedengestellt wird. Interessensausgleich ist dann nur ein anderes Wort für Erpressung. Jeder versteht es so und macht aber trotzdem mit, weil jeder einmal dran ist und etwas für sich rauspressen will. Dieses unwürdige, gegenseitige Erpressen ist Teil des *EU-Spiels* und das Ergebnis der nicht existenten gemeinsamen EU-Politik, weder der Innen- und schon gar nicht der Außenpolitik. Alle Nationalstaatspolitiker haben sich mehr oder minder gemütlich eingerichtet und spielen reihum das Spiel nach dem Motto: „Heiliger St. Florian, verschon unser Haus, zünds andere an!", oder „Hannemann, geh du voran!", oder „Wasch mir den Buckel, mache mich aber nicht nass dabei".

Das spielen unsere Politiker auf offener Bühne und wir europäische Bürger dürfen zuschauen und uns *fremdschämen*; wir dürfen uns für unsere nationalen Politiker schämen. Aktuelle Beispiele gibt es zur Genüge, ich möchte zwei ganz schlimme davon beleuchten:

<u>Der Mordversuch an Herrn Nawalny</u>

Die deutsche Regierung hat tatsächlich einen rühmlichen Schritt getan und wohl sofort angeboten, Herrn Nawalny aus Russland auszufliegen, um ihm eine passende medizinische Versorgung zu gewähren; Und es ist wohl Fakt, dass Herr Nawalny noch in Russland mit Nowitschok vergiftet worden war, da sind sich die Experten einig. Da der Zugang zu Nowitschok aber nur sehr ausgewählten und hochrangigen Gruppierungen in Russland möglich ist, ist die Annahme, dass der Auftrag zum Mordversuch an Herrn Nawalny aus dem engen Dunstkreis Putins kommen muss, wohl mehr als berechtigt.

Und was machen manche unserer deutschen Politiker wie ein Herr Schröder oder auch ein Herr Gysi daraus? Sie werfen Nebelkerzen, indem sie diese, sehr begründeten, Fakten und

Rückschlüsse als nicht bewiesen praktisch negieren. Die *fünfte Kolonne Moskaus* hat mal wieder gründlich funktioniert.

In der EU wurde und wird diskutiert, welche Sanktionen nun gegen Russland beschlossen werden sollen; dabei wird auch in Erwägung gezogen, eventuell die bereits fast fertige Gaspipeline Nordstream 2 abzubrechen.

Allein der Gedanke, diese Sanktion überhaupt in Erwägung zu ziehen, erzeugte ein *Geheul* vieler deutscher Politiker auf nationaler und regionaler Ebene. Da eröffnete zum Beispiel die sehr verehrte Ministerpräsidentin von Mecklenburg-Vorpommern, Frau Manuela Schwesig extra *ein Schmierentheater* und gründete eine *Umweltstiftung*, um die US-Sanktionen gegen Nordstream 2 unterlaufen zu können. Gleichzeitig wird aber erwartet, dass die EU eine *starke Antwort* nach Moskau sendet.

So viel *brutalstmögliche* Frechheit muss schon sein!

<u>Die Unterstützung der weißrussischen Bevölkerung bei der Revolte gegen Lukaschenka in Weißrussland</u>

Herr Lukaschenka hat wohl mit großer Wahrscheinlichkeit die letzten Wahlen manipuliert, worauf seit dem Wahltag praktisch jeden Tag Demonstrationen von mutigen Weißrussen stattfinden.

In der EU-Außenministerkonferenz wurde nun beschlossen, dass es Sanktionen gegen Lukaschenka geben soll, aber es wäre nicht die EU, wenn nicht doch wieder ein Mitglied ausgeschert wäre.

In diesem Fall war es Zypern. Dieses korrupte Land, das allen nur möglichen zwielichtigen Gestalten EU-Pässe zuschanzt und Unterschlupf gewährt, sofern sie nur Willens und in der Lage sind ausreichend Schmiergeld zu bezahlen.

Das kleine Zypern sperrte sich spontan, weil es Zugeständnisse seitens der EU hinsichtlich der Türkeipolitik Erdogans haben möchte. Es wollte also Unterstützung gegenüber der aggressiven Haltung der Türkei im östlichen Mittelmeer, was eigentlich eine Selbstverständlichkeit unter Partnern sein sollte. Aber weil alles in der EU so komplex ist, die Türkei ist NATO-Partner, Zypern nicht, dafür Zypern aber in der EU ist, aber nicht in der NATO, kommt es innerhalb der EU zu *babylonischen Verwirrspielen*. Einmal *erpresst* der eine, mal der andere. Das ist traurig anzusehen.

Es fehlt die gemeinsame Sprache in der EU; es fehlt das, was man eine kraftvolle Antwort bezeichnen würde.

Und es fehlt die Einsicht, ob gewollt oder nicht, dass das Friedensprojekt EU nur eine Illusion in den Köpfen so mancher Friedensbewegten ist, weil viele der eingangs erwähnten Fragestellungen, mit freundlichen und friedensbewegten Worten nicht, oder kaum zu lösen sind.

Die Welt ist nicht, oder nicht mehr friedlich, das muss man klar und leider so beinhart feststellen; die Welt war vielleicht in einer kurzen Phase der Geschichte friedlicher, nach dem Zerfall des Sowjetkommunismus, aber heute ist sie es definitiv nicht mehr.

Und darauf müssten unsere Nationalstaatspolitiker eigentlich eine (europäische) Antwort geben, aber sie tun es nicht, sie können es nicht und, was viel schlimmer ist, sie scheinen gar keine geben zu wollen.

Unsere Nationalstaatspolitiker wollen nicht *das (macht)-politische Heft aus der Hand geben*. Sie wollen lieber einen schwachen Hohen Vertreter der EU für Außen- und Sicherheitspolitik, der nichts zu sagen hat, als einen kraftvollen Außenminister, der für alle in der EU spricht. Und sie wollen auch genau genommen keine gemeinsame europäische Sicherheitspolitik, sie wollen schon gar keinen gemeinsamen Verteidigungsminister.

Unsere nationalen Kleinkönige und Fürsten der 27 in der EU zusammen mit ihrer Entourage wollen allesamt ihre machtpolitischen Spielchen spielen, ohne auch nur ein Jota von ihrer Macht abzugeben. Sie sind zutiefst infiziert von *unserer europäischen Erbkrankheit,* der Staateritis. Lieber opfern sie allesamt unseren schönen Kontinent, als nur ein bisschen von ihren nationalen Pfründen abzugeben.

Aber das friedensbewegte und nationalstaatliche Ende ist nah; es hat sich erschöpft. Es hat ausgedient. Es müssen andere Lösungen her.

Und ich bin zuversichtlich, es gibt eine Impfung gegen unsere europäische Staateritis. Die Medizin ist zwar bitter für unsere nationalen Kleinkönige und Fürsten, aber da müssen sie durch. Sie haben ihre Chance gehabt, aber sie alle zusammen haben sie nicht genutzt, jetzt müssen sie abtreten von der europäischen Bühne. Die Spiele „heiliger St. Florian verschon unser Haus, zünd das andre an!" sind zu Ende gespielt. Die Drehbücher werden in die Asservatenkammer der europäischen Geschichte verfrachtet und können dort verstauben.

Ich bin auch zuversichtlich, dass unsere europäische Jugend gemeinsam ein neues Drehbuch schreiben wird, das viele heute noch für ein Gespenst halten.

4.0. BEGINN UND ENDE DER STAATERITIS

„Wie kann Europa sich behaupten in einer durch Nationalismus, Populismus und Chauvinismus radikalisierten Welt?"
(Heiko Maas, Außenminister, aus Rede zu „Mut zu Europa")

Der Nationalstaat des 20. Jahrhunderts hat auf dem europäischen Kontinent seine Pflicht erfüllt. 75 Jahre nach Ende des 2. Weltkriegs und 30 Jahre nach dem Zerfall des Sowjetkommunismus sind die demokratischen Strukturen in vielen Ländern in Europa so weit verfestigt, dass es der Nationalstaaten nicht mehr bedarf oder besser, nicht mehr bedürfen soll.

Wie in Kapitel 3 beschrieben bedarf es transnationaler Antworten auf die Probleme, die auf Europa zukommen, oder gar schon da sind.

Aber wie kam es überhaupt zu den Nationalstaaten in Europa, wo doch bis zu Beginn des 20.Jahrhunderts gerade mal eine Handvoll Großreiche in Europa existierten? Wie kam es zu den vielen Klein- und Kleinststaaten, die sich gegenseitig teilweise *spinnefeind* über Jahrzehnte waren? Warum konnten aus den Großreichen keine transnationalen Staatensysteme hervorgehen?

Aber vor allem wie entstand unsere europäische Erbkrankheit der Staateritis? Was war der Auslöser dazu und wie wurde sie auf uns Europäer übertragen?

<u>Der Nationalstaat als Brücke von den Reichen hin zu den Nationen</u>

Das gesamte 19. und 20. Jahrhundert war grob gesprochen die Periode eines ideologischen Übergangs von den absolutistisch regierten „Reichen" zu den individuellen „Nationen". Aber was waren die Treiber für diesen epochalen geistigen und kulturellen Umbruch? Was war der Ansporn vieler Völker in Europa sich auf den *nationalen Weg* zu machen, was war der Grund sich von seinen *Bruderländern* zu trennen?

Und vor allem, warum gingen die europäischen Großreiche nicht automatisch in demokratisch regierte Länder über? Warum wählten einige Großreiche den Weg des teuren und blutreichen Zerfalls in einzelne Nationen? Warum schwächten sich damit alle Völker selbst, ökonomisch, kulturell wie auch sicherheitspolitisch, obwohl sie sich bewusst darüber sein mussten, zum Spielball anderer Mächte im 20. Jahrhundert zu werden?

Die Antwort auf diese europäische Seuche ist, wie meist bei solchen epochalen Verwerfungen, sehr komplex und der kontinentale Umsturz hatte viele Väter und dauerte mehrere Jahrhunderte lang. Außerdem spielte sich der Umsturz mit verschiedenen *Geschwindigkeiten* in den einzelnen Länder und Regionen ab.

Im Wesentlichen waren es nach meinem Verständnis folgende weltgeschichtliche Ereignisse (aber nicht nur):

- Luthers Reformen, seine Übersetzung der Bibel, die Reformation selbst sowie die *Nachwehen* des 30-jährigen Krieges
- Die Abschaffung der Leibeigenschaft und die Einführung der allgemeinen Schulpflicht in Mitteleuropa sowie die industrielle Revolution und der technische Fortschritt im 18. und 19. Jahrhundert bis zum 1. Weltkrieg
- England und Frankreich als Vorreiter für demokratische Strukturen
- Die USA als weiteres demokratisches Vorbild
- Der aufsteigende Kommunismus, die sozialdemokratischen Parteien sowie die Arbeiterbewegung und die Zwischenkriegszeit
- Der 2. Weltkrieg und die Nachfolgezeit bis 1989

Diese grobe Auflistung deutet schon an, wie komplex und breit gefächert der Transformationsprozess von den absolutistischen Reichen hin zu den selbstständigen Nationen in Europa war.

Luthers Reformen, seine Übersetzung der Bibel, die Reformation selbst sowie die „Nachwehen" des 30-jährigen Krieges

Ob Martin Luther selbst die epochale Veränderung in Europa gewollt hatte oder nicht, möchte ich hier außen vor lassen, in jedem Fall löste er ein Erdbeben auf dem europäischen Kontinent aus, indem er den Papst in Rom mit seinem Ablasshandel in Frage stellte und sich auch nicht vor dem damals mächtigsten Herrscher in Europa, Kaiser Karl V., beugte.

Die Erfindung des Buchdrucks durch Johannes Gensfleisch (genannt „Gutenberg") einerseits sowie die reformatorischen Ideen Luthers und deren schnelle Verbreitung, lösten eine Welle der Befreiung bei den niederen Schichten der Bevölkerung und unterdrückten Bauern im römischen Reich aus und mündeten in den bekannten Bauernaufständen in Mitteleuropa. Luthers Bibelübersetzung ins Deutsche tat ein Übriges und führte zusätzlich dazu, dass die jeweiligen Landessprachen in den Mittelpunkt der Gesellschaften rückten und Latein als damals führende *Weltsprache* mehr und mehr verdrängt wurde.

Die Bibel wurde im Laufe der Zeit in die jeweiligen Sprachen in Europa übersetzt und mit den *nationalen Sprachbereichen* schotteten sich auch die (nationalen) Reiche immer mehr voneinander ab. Latein, als die vormalige gemeinsame europäische (Hoch)Sprache, verlor an Bedeutung und wurde nur noch in reinen medizinisch wissenschaftlichen Bereichen sowie in der katholischen Theologie aufrechterhalten. Ich bin überzeugt, dass Luther diese Entwicklung mit seiner Bibelübersetzung nicht geplant hatte. Ich glaube nicht, dass Luther eine sprachliche und damit kulturelle *Zerstückelung* Europas anstrebte.

Mit Martin Luther sowie Jean Calvin in der Schweiz entstand im 16. Jahrhundert eine breite Reformationsbewegung, eine religiöse, aber auch machtpolitische Abwendung von der damals einzigen katholischen Kirche mit dem Papst als deren Oberhaupt. Diese Entwicklung war auch der Wegbereiter für die erste große Spaltung in Europa; der Norden und Westen Europas wendete sich hin zum Protestantismus (in England

Anglikanismus), während der Süden katholisch und papsttreu blieb. Das römische Reich mit den vielen Königen und Fürsten unter dem Dach des „Römischen Kaisers" war gespalten und konnte sich nicht entscheiden. Viele brutale Kriege und blutige Auseinandersetzungen bis in das 17. Jahrhundert hinein förderten das Auseinanderstreben der Länder und Reiche und endete im entsetzlichen 30-jährigen Krieg in Mitteleuropa; das Ergebnis war ein schmerzhaft geschundener Kontinent mit einer Vielzahl von Klein- und Kleinstaaten. Dutzende Könige, Fürsten und Herzöge regierten selbstherrlich und absolutistisch über ihre Bevölkerung.

Der 30-jährige Krieg von 1618-1648 begann als Glaubenskrieg, war aber letztlich ein Kampf um die Umverteilung der Machtverhältnisse in Europa. Das katholische Frankreich sowie die unbeteiligten protestantischen Länder England und Holland gingen verstärkt hervor, während sich das mitteleuropäische „Römische Reich" in unzählig viele Kleinreiche auflöste und damit dem Reichsgedanken den ersten Todesstoß versetzte; nach dem Regierungsprinzip „Cuius regio, eius religio" bestimmten die jeweiligen Kaiser, Könige und Landesfürsten, welche Religion in ihrem Land bestimmend ist und führten so zu weiteren Spaltungen in Europa. Diese Kleinreiche bildeten einen gewollten *Puffer* zwischen dem westlichen Frankreich und den aufstrebenden östlichen Reichen Preußen und Österreich. Und diese Auflösung war auch der Anfang vom Ende des „Römischen Reiches" in Mitteleuropa.

Der 30-jährige Krieg schwächte Mitteleuropa für gut zwei Jahrhunderte und diese Schwäche nutzte das aufsteigende osmanische Reich im Osten aus, um sich auszubreiten, bis hin vor die Tore Wiens im Jahr 1683. Nur mit einer großen Kraftanstrengung konnte sich Österreich mit polnischer Hilfe wieder davon befreien und die Osmanen im Laufe der Jahrhunderte zurückdrängen. Diese Expansion nach Osten war so etwas wie *Kolonialismus auf österreichische Art*. Nach und nach einverleibte sich Österreich praktisch alle Länder und Regionen und dehnte sich im Osten und Südosten bis zum Schwarzen Meer und im Norden bis nach Galizien (der heutigen Ukraine) aus.

Die katastrophale und gewollte Schwäche der mittleren und östlichen europäischen Reiche war auch die willkommene Basis der westlichen Länder England und Frankreich sowie Spanien und Holland ungestört Kolonialismus auf anderen Kontinenten zu betreiben; ob der Kolonialismus grundsätzlich gut oder schlecht war, will ich hier nicht beurteilen, weil das eine andere Thematik ist und auf die Entwicklung hin zu den europäischen Nationalstaaten nur peripher Einfluss hat.

Die mitteleuropäische Kleinstaaterei seit dem 30-jährigen Krieg jedoch hatte sicherlich einen großen Einfluss auf die aufkeimende Nationalstaatsdenke im 19. Jahrhundert.

<u>Die Abschaffung der Leibeigenschaft und die Einführung der allgemeinen Schulpflicht sowie die industrielle Revolution und der technische Fortschritt bis zum 1. Weltkrieg</u>

Mit Beginn der Aufklärung im auslaufenden 17. bis hinein in das 18. Jahrhundert wurden einige politische Reformen in den absolutistisch regierten Reichen angestoßen, so auch von König Friedrich II. in Preußen und von Kaiserin Maria Theresia und ihrem Sohn Joseph II. in Österreich. Folgende wesentliche gesellschaftliche Veränderungen fanden statt:

- Einführung der allgemeinen Schulpflicht
- Abschaffung der Leibeigenschaft
- Religiöse Toleranz
- Einführung von Rechtsstaatlichkeit
- Abschaffung von Folter

Während in Mitteleuropa die Schulpflicht schon Ende des 18. Jahrhunderts eingeführt wurde, wurde sie in Frankreich und England erst gegen Ende des 19. Jahrhunderts (in Frankreich 1882 und in England 1870) eingeführt, also ca. 100 Jahre später.

Auch die Abschaffung der Leibeigenschaft führte dazu, dass sich die *Untertanen* immer freier bewegen und wirtschaften konnten. Unterstützt wurde der wirtschaftliche Aufschwung durch die technischen Neuerungen wie der Dampfmaschine, der Eisenbahn oder dem elektrischen Licht. Viele Menschen kamen in *Lohn und Brot* in den neu gegründeten Industrien, allerdings unter teilweise erbärmlichen Bedingungen.

Gleichzeitig entwickelte sich aber auch ein selbstbewusstes Bürgertum in den aufstrebenden Städten; dies führte gerade in den vielen Kleinstaaten Mitteleuropas sowie in den Reichen Preußen und Österreich schon sehr früh zu einem *nationalen Selbstverständnis*. Es entstand eine immer breiter werdende Bildungsschicht, die sich an den, nach wie vor existierenden, absolutistischen Regierungssystemen ihrer Herrscher rieb.

Des Weiteren folgten die freiheitlichen Einflüsse aus dem revolutionären Frankreich im auslaufenden 18. Jahrhundert.

Bereits im Jahre 1848 kam es zu ersten Aufständen in Mitteleuropa, zusammen mit eindeutig nationalen Zügen in Frankfurt, Wien, Ungarn, Polen, Böhmen etc. Diese Ansammlungen wurden aber niedergeschlagen, teilweise in sehr blutiger Weise. Die Zeit war *noch nicht reif* für demokratische Entwicklungen, die von *Gottes Gnaden* eingesetzten, absolutistischen Kaiser und Fürsten regierten *mit harter Hand* und ließen kaum demokratische Veränderungen zu und schon gar keine nationalen Strömungen.

Meiner Meinung nach verpassten die Herrscher in dieser Zeit die Chance rechtzeitig demokratische Regierungsformen einzuleiten, um *Druck aus dem nationalen Kessel* zu nehmen; und so wurden aus den beiden Reichen letztlich *Völkerkerker*, in denen *kein gemeinsames Wohnen* mehr möglich schien. Dies ist die eigentliche Schande, waren diese zwei Großreiche doch bestens geeignet, eine Basis für ein *paneuropäisches Staatengebilde* zu werden.

Die starre und unerbittliche Haltung der herrschenden Schicht, angeführt vom Haus Hohenzollern in Berlin sowie dem Haus Habsburg in Wien rächte sich. Mit der Niederlage des Deutschen Reichs und Österreich-Ungarns 1918, nach dem 1. Weltkrieg, zerbrachen diese beiden Großreiche in Mitteleuropa in unzählige kleine und mittelgroße Länder. Diese beiden Vielvölkerstaaten lösten sich auf in einzelne *Nationalstaaten* mit einer mehr oder minder demokratischen Struktur. Es kam zu teilweise grausamen und blutigen *Entmischungen* unter den ehemaligen *Bruderländern*. Menschen, die oft jahrhundertelang zusammenlebten, wurden auseinandergetrieben, sie mussten ihre Wohnungen und ihre Besitzungen verlassen, weil sie nicht (mehr) zur neuen Nation dazugehören durften. Millionen Flüchtlinge mussten sich auf den Weg machen, um bei der *richtigen Volksgemeinschaft* anzukommen. Es war die blutige, *nationale Staateritis*, die jetzt virulent wurde und ganze Völker von innen her zerfraß, und heute noch, nach über hundert Jahren, manchmal innerhalb der EU durchscheint. Viele dieser neuen Länder waren wirtschaftlich zu schwach sich selbst zu ernähren und es herrschte große Not und Hunger, was wiederum so manchen nationalen Parteien und (Ver)Führern Auftrieb verlieh.

Die Gewinnerländer England und Frankreich, aber auch Holland unterstützten und förderten die Auflösungstendenzen, wollten sie doch keine starken Gegner mehr in Europa haben. Und die USA waren noch nicht strategisch am Zenit.

So konnten sie nun ihre global ausgelegte Kolonialpolitik ungehindert ausüben; das „British Empire" erreichte seinen Höhepunkt. Frankreich und England teilten sich *die Welt* unter sich auf. Beide Länder hatten wenig Interesse an Europa, sie scherten sich nicht um die wirtschaftlichen Probleme der mitteleuropäischen Nationen und schon gar nicht um die Länder Osteuropas. Die aufkeimende Staateritis in diesen Ländern störte England und Frankreich wenig und ebenso wenig auch die teilweise niedrige Wirtschaftsleistung und die damit verbundene bittere Armut. Die einzige Sorge, die diese beiden Länder umtrieb, war, dass *Deutschland nicht mehr stark werden sollte*. Dies war eine große Fehleinschätzung der englischen und französischen Politiker. Indem sie die mittel- und osteuropäischen Länder sich selbst überließen, förderten sie deren aufkeimenden Nationalismus, was dann, unter anderem, letztlich zum 2. Weltkrieg durch Deutschland führte.

Vor hundert Jahren konnte sich Europa noch solche *nationalen Irrwege* leisten, war Europa damals doch der *Schrittmacher* in der Welt, der wissenschaftliche und technische *Taktgeber*, der ökonomische *Olymp im Erdenkreis*.

Heute jedoch sieht die Welt ganz anders aus, die Kontinente sind zusammengewachsen, neue Weltreiche sind entstanden und die einzelnen europäischen Länder sind sicherheits- und verteidigungstechnisch nur noch Mitspieler, alle zusammen mittelgroße geduldete Zuschauer im Konzert der großen Drei, den USA, China und Russland.

Mit der jetzigen *exzeptionalistischen Absetzbewegung* Englands hat sich der Kontinent selbst noch schwächer gemacht.

„SIC TEMPORA MUTANTUR!"

England und Frankreich als demokratische Vorreiter

Die Wandlung von einem absolutistisch regierten Königtum hin zu einem, im weitesten Sinne, demokratischen Regierungssystem begann in England um die Mitte des 17.Jahrhunderts mit der „Bill of Rights", auf Basis der, bereits im Jahre 1215 unterzeichneten, Magna Charta. Es dauerte also auch in England schon mehrere Jahrhunderte bis sich die demokratischen Strukturen verfestigen konnten, diverse Rückschläge inklusive.

Allerdings war im 14. Jahrhundert *die älteste Demokratie Europas* noch nicht wirklich eine Demokratie nach heutigem Verständnis, sondern es war letztlich nur die Entmachtung des Königs zugunsten der Adeligen und des Klerus im „House of Lords" und der (reichen) Bürger und Ritter im „House of Commons". Die Umwandlung hin zu einem demokratischen Parlament, nach dem heutigen System, begann im 17. Jahrhundert mit der o.g. „Bill of Rights".

Allerdings ist die Annahme mit England als der *ältesten Demokratie* Europas nicht ganz stimmig. In Kapitel 6 beschreibe ich eine antike Demokratie, die auch die Namensgeberin selbst ist. Es gibt also tatsächlich eine ältere.

Während in dieser Periode in England so etwas wie Demokratie geübt wurde, waren alle Reiche auf dem Kontinent noch fest in den Händen von absolutistisch regierenden Kaisern, Königen und Fürsten gemäß des Ausspruchs Ludwigs XIV., „L´Etat, c´est moi!".

Frankreich folgte mit seiner Revolution im Jahre 1789 als Folge der wirtschaftlichen Implosion des absolutistischen Regimes. Das Frankreich der Bourbonen war wirtschaftlich am Ende und es herrschte eine große Hungersnot. Die Revolution selbst war traumatisch und sehr blutig und endete schließlich wieder im diktatorischen Regierungssystem Napoleons.

Nach der anschließenden Vernichtung des napoleonischen Kaiserreichs mit all seinen Eroberungen durch eine konzertierte Aktion der anderen europäischen Länder, konzentrierte sich Frankreich auf sich selbst und baute sein demokratisches System mehr und mehr aus, unter der argwöhnischen Beobachtung der anderen, immer noch absolutistisch regierten, Reiche. Gleichzeitig forcierte Frankreich koloniale Bestrebungen und stand dabei im Wettbewerb zu England.

Aber Frankreich übte eine magische Kraft auf die Menschen der anderen absolutistisch regierten Länder aus, bis viele von ihnen in einer europaweiten Revolution im Jahre 1848 die nationalen Diktaturen abschütteln wollten. Das gelang leider nicht und so blieben praktisch alle absolutistisch regierten Länder und Reiche in Europa bis zum Ende des 1. Weltkriegs im Jahr 1918 bestehen.

<u>Der demokratische Vorreiter USA</u>

So manche englische Kolonie war geprägt von freiheitslieben-
den Einwanderern, die sich den unterschiedlichen Zwangsauf-
lagen widersetzten, welche die englischen Regierungen den
Kolonien vorschreiben wollten. Nach einem Streit um Sonder-
gebühren für den Export von Tee, widersetzten sich die englischen Kolonien in Nordamerika, erklärten sich selbst für unabhängig vom englischen Mutterland und riefen bereits 1776 die
„Vereinigten Staaten von Amerika" aus. Der letztlich erfolgrei-
che Unabhängigkeitskrieg dauerte bis 1783.

Bemerkenswert dabei war weniger die Unabhängigkeit per se,
sondern die für damalige Verhältnisse moderne Verfassung,
die sich der junge Staat selbst gab. Es gab keinen König mehr,
sondern einen, auf Zeit gewählten, „Präsidenten", keinen, vom
Adel und der Kirchen beherrschten Senat, sondern ausschließlich von Bürgern gewählte Abgeordnete sowohl im gesetzge-
benden Senat als auch im Repräsentantenhaus.

Das war völlig neu in der damaligen Welt und sorgte vor allem
in der *Alten Welt* (Europa) für Stirnrunzeln und Sorgenfalten in
den Gesichtern der immer noch absolutistisch regierenden Kaiser, Könige oder Fürsten.

Die neuen USA und die, durch die mittlerweile in vielen Ländern etablierte allgemeine Schulpflicht, gestiegene Allgemein-
bildung der europäischen Bevölkerung zusammen mit den
technischen und ökonomischen Fortschritten, führte zu einer
allgemeinen Aufbruchsstimmung in Europa. Es dauerte aber
noch mehr als hundert Jahre bis zum Ende des 1. Weltkriegs
im Jahr 1918, um tatsächlich eine Veränderung in Europa zu
erfahren.

<u>Der aufsteigende Kommunismus, die sozialdemokratischen Parteien sowie die Arbeiterbewegung und die Zwischenkriegszeit</u>

Im 19. Jahrhundert herrschte in allen Ländern in Europa, trotz der technischen Fortschritte, eine große Armut in überwiegenden Teilen der Bevölkerung, die medizinische Versorgung war noch *in den Kinderschuhen*, viele Menschen lebten in unzumutbaren Lebensverhältnissen und starben früh. Cholera, Tuberkulose und Pocken konnten sich ungehindert ausbreiten und so starben Millionen Menschen an diesen Krankheiten.

Die Wirtschaftspolitik selbst war in vielen Ländern geprägt von der marktliberalen Idee des *Laissez-Faire*, das heißt, dass nur der freie Markt, also das Gleichgewicht von Angebot und Nachfrage, die Preise optimal regelt und daher möglichst wenig Eingriffe des Staates das Wirtschaften stören sollen, soziale Fragen standen damals nicht im Vordergrund. Durch die Technisierung gab es eine breite Bevölkerungsschicht ohne Arbeit und so standen auch die Arbeiter selbst in einem ruinösen Wettbewerb zueinander. Die Arbeiterklasse wurde ausgebeutet, die Menschen mussten teilweise 60 Stunden und mehr in der Woche arbeiten. Zusammen mit den oben genannten Epidemien führte das zu einer unheiligen Mischung, die mittlere Lebenserwartung der Menschen war niedrig und die Not in der breiten Bevölkerung groß.

Diese unhaltbaren Zustände führten zu Unruhen und Aufständen der Arbeiterbevölkerung in praktisch allen Ländern in Europa, die aber meist blutig niedergeschlagen wurden. Die Niederschlagung des Aufstandes der Weber in Schlesien steht exemplarisch für diese brutale Vorgehensweise. Es führte aber dazu, dass kapitalkritische Vordenker wie Karl Marx („Ein Gespenst geht um in Europa - das Gespenst des Kommunismus") oder Friedrich Engels oder auch Rosa Luxemburg einen starken Zulauf erlebten. Ihre Ideen beeinflussten viele Politiker in den folgenden Jahrhunderten. Heute noch ist eines der wirtschaftlich größten und stärksten Länder in der Welt, China, kommunistisch geführt. Man kann sagen, der Kommunismus hat noch nicht gegenüber dem Kapitalismus *verloren*. Oder anders, das *Ende der Geschichte* wartet noch ein bisschen.

In der zweiten Hälfte des 19. Jahrhunderts wurde das Problem der ausgebeuteten Arbeiterklasse angegangen durch die Gründung von Arbeiterbewegungen und sozialistischen Parteien sowie auch durch den Aufstieg des Kommunismus. Des Weiteren wurden nach und nach soziale Reformen eingeführt wie geregelte Arbeitszeiten, Krankenversicherungen oder auch erste Rentensysteme. Politische Reformen waren aber kaum oder nicht dabei.

Der Kommunismus muss insofern erwähnt werden, weil er nach dem 1. Weltkrieg zu einer tragenden politischen Macht in Russland wurde. Er beeinflusste aber auch viele Politiker und Menschen in anderen Ländern in Europa. Im Kommunismus ist qua Parteidoktrin ein nationaler Staat nicht vorgesehen, weil *alle Menschen auf der Welt gleich sind*, und damit auch alle Länder.

Mit dem Kommunismus in Russland nach dem 1. Weltkrieg wurde das zaristische Russland aus dem Agrarstaat mit Leibeigenschaft und Untertanentum in die *Neue Zeit* hineinkatapultiert, unter der *harten Hand* von terroristischen Diktatoren wie Lenin oder Stalin; Millionen von Menschen verhungerten dabei oder wurden während der Transformation verschleppt oder ermordet. Es ging mindestens so blutig zu wie zur Zeit der französischen Revolution im auslaufenden 18. Jahrhundert. Aber es gelang Russland, zumindest gegenüber den anderen Ländern, industriell und wirtschaftlich aufzuholen. Der menschliche Preis war aber enorm.

<u>Der 2. Weltkrieg und die Nachfolgezeit bis 1989</u>

Der 2. Weltkrieg, begonnen durch das nationalsozialistische Terrorregime in Deutschland, war auch die Folge der ungelösten politischen Fragen nach dem 1. Weltkrieg. Millionen von Menschen waren auf der Flucht und mussten neue Existenzen aufbauen, Deutschland musste extrem hohe Reparationszahlungen zusagen und der Ruf *vom Friedensdiktat in Versailles* machte die Runde. Das Deutsche Reich sollte 296 Mrd. Goldmark (umgerechnet nach heutigem Wert ca. 1.6 Billionen Euro) plus 12% der jährlichen Exporterlöse an die Siegermächte leisten (Anmerkung Rodolfo, die BRD leistete noch bis 2010 den offenen Schuldendienst). Das Deutschland der Zwischenkriegszeit von 1918-1945 begann mit einem riesigen Schuldenberg; es herrschte eine große Armut und führte zu einer überbordenden Hyperinflation, viele Menschen verloren ihr Hab und Gut und diese Unzufriedenheit verleitete große Teile der Bevölkerung *nationalen Heilsbringern* zu folgen. Der Ausgang ist bekannt, Deutschland endete in einem nationalsozialistischen Staat mit einer Schreckensregierung, die 1939 mit einem Angriffskrieg praktisch ganz Europa überzog. Der Krieg kostete Millionen von Menschenleben und endete im Jahr 1945 mit einem Sieg der Alliierten über das krude Nazi-Regime.

Die Sieger teilten das Deutsche Reich in ein marktwirtschaftlich orientiertes Westdeutschland und ein kommunistisch geführtes Ostdeutschland auf. Großflächige Ostgebiete musste Deutschland an Polen und an die Sowjetunion abtreten. Neben der Deutschen Demokratischen Republik (DDR) kamen sämtliche osteuropäischen *Brudervölker* unter die Herrschaft des Sowjetkommunismus, das heißt unter nationale kommunistische Diktaturen, mehr oder minder stark gelenkt von Moskau. Der Kommunismus erreichte damit seinen politischen Höhepunkt in Europa.

Der westliche Teil Deutschlands rutschte unter den Machteinfluss der Länder Frankreich, England und den USA. Die Bundesrepublik Deutschland wurde westlich eingebunden und demokratisch wie marktwirtschaftlich ausgerichtet. Damit wurde eine politische und militärische *Mauer* zwischen Ost- und Westeuropa hochgezogen, undurchdringlich und abschreckend auf beiden Seiten der Mauer. Die vorerst *gedankliche Mauer* materialisierte sich später sprichwörtlich in der Berliner Mauer, errichtet 1961 durch die Kommunisten.

Während die westlichen Länder inklusive der BRD in marktwirtschaftlichen Wirtschaftssystemen aufgingen, etablierten die östlichen Länder ein kommunistisch geprägtes Wirtschaftssystem. Es herrschte lange ein politischer und wirtschaftlicher *Wettstreit*, welches System das bessere sei. Wobei das Wort Wettstreit nicht gültig ist, war das Wirtschafts- und Politsystem des Kommunismus im östlichen Europa von der *Diktatur des Proletariats*, d.h. von parteipolitisch gelenkten Herrschaftssystemen geprägt; ein freies Handeln der Bürger war nicht gegeben.

Marxs *Verelendungstheorie* wollte und wollte im Westen nicht einsetzen und bald war abzusehen, dass der Kommunismus seinen selbstgestellten wirtschaftlichen Ansprüchen nicht gerecht wird. Dies wurde schon in meiner Jugend in den 1960er Jahren in einem Faschingskalauer passend beschrieben:

„Was ist der Unterschied von Marx und Murks? Marx, das ist die Theorie und Murks, das ist die Praxis!"

Letztendlich verlor der *praktische Kommunismus* den Wettstreit und implodierte 1989 mit dem Zerfall des Sowjetkommunismus in Osteuropa auf weitgehend friedliche Weise, bis auf Rumänien, wo der Diktator Ceausescu regierte und nur durch harte Methoden abgesetzt werden konnte.

Übrig blieben wiederum zahllose Klein- und Kleinststaaten, die sich als einzelne Nationen zu den schon vielen anderen westlichen Kleinnationen hinzugesellten. Zusätzlich trennten sich Länder wie die Tschechoslowakei auf in die Kleinstaaten Tschechien und die Slowakei oder im Baltikum bildeten sich die drei Nationen Estland, Lettland und Litauen.

Mit dem Zerfall des Sowjetkommunismus zerfiel gleichzeitig auch das *Tito-kommunistische Jugoslawien* in viele Kleinststaaten, allerdings auf sehr krude Art und Weise. Den Höhepunkt der kriegerischen Auseinandersetzungen wurde im Jahre 1995 mit dem Massaker von Srebrenica erreicht, bei dem viele tausend Bosnier von einer serbischen Elite ermordet wurden. Alles in allem starben hunderttausende Menschen und wiederum Millionen wurden von ihren angestammten Siedlungen vertrieben. Es war wie ein grausames Echo aus der dunkelsten Vergangenheit Europas nach dem 1. und 2. Weltkrieg oder dem Dreißigjährigen Krieg im 17. Jahrhundert. Und es kommt mir vor wie die höhnische Antwort der Geschichte auf unsere *friedensbewegten Hinterbänkler*.

Erst mit dem Einwirken durch mehrere europäische Staaten unter der militärischen Führung der USA wurden die Kriege in Ex-Jugoslawien eingedämmt. Sie sind aber bis heute nicht überall friedlich beendet. Auch das ist *Teil der Geschichte des Europas der Nationen*.

<u>Weitere Nationen in Europa</u>

Die nördlichen Länder in Skandinavien, wie Norwegen, Schweden, Dänemark und Finnland definieren sich seit Jahrzehnten als eigene Nationen, obwohl auch diese über viele Jahrhunderte hinweg in wechselseitigen politischen Abhängigkeiten standen.

Auch das heutige Italien als Nation ist eigentlich ein *Vielvölkerstaat.* Die einzelnen Regionen und Menschengruppen unterscheiden sich kulturell wie wirtschaftlich wesentlich voneinander. So sind die Südtiroler (der italienische Name von Südtirol ist „Alto Adige") sowohl kulturell wie auch wirtschaftlich den Nordtirolern sicherlich ähnlicher als den Bewohnern im Mezzogiorno. Des Weiteren gibt es den Vatikanstaat und den Stadtstaat San Marino.

Und obwohl Spanien als eine Nation auftritt, fühlen sich die Katalanen nicht mehr gut in der spanischen Nation aufgehoben und wollen eine eigene Nation bilden.

Die letzte Union eines Staatswesens in Europa ist das Vereinigte Königreich. Aber auch diese Union steht möglicherweise vor dem Aus, gibt es doch starke Austrittsbewegungen sowohl in Schottland als auch in Nordirland. Übrig bleiben wird wahrscheinlich ein *Kleinbritannien* mit den letzten Muskelzuckungen eines ehemaligen *Empire.*

In diesem Zusammenhang verweise ich auf das aktuelle *Grand Palais* wie ich es in meinem Buch „Wir Europäer wollen wieder mehr Europa wagen", Kapitel 7, beschrieben habe. Es ist *zerfleddert* und *kaputtsaniert*.

Als Resümee kann abschließend festgehalten werden, dass das Europa von heute aufgespalten ist in unzählig viele Klein- und Kleinststaaten rund um *eine Handvoll* mittelgroßer Nationen. Es ist dieser Flickenteppich, erwachsen aus der unterschiedlichen Geschichte unserer Länder und Völker in Europa. Ehemalige Großreiche haben sich *zerlegt*, sodass jede einzelne europäische Nation kaum noch eine Rolle in der Weltpolitik spielen wird. Während in anderen Weltregionen Großmächte erstarken, wird in Europa das *(politische) Licht ausgehen*.

Das alles ist vornehmlich das Ergebnis von machtbesessenen Kaisern, Königen und anderen Landesfürsten im 19. und anfänglichen 20. Jahrhundert, die in *Imperien* dachten, die an das *Gottesgnadentum* glaubten und meinten, darauf ihre absolute Machtfülle zu begründen und des Weiteren nur an den Fortbestand ihrer *Dynastie* achteten, statt rechtzeitig demokratische Regierungssysteme in ihren Reichen einzuführen. Es ist auch ihrer, an Dreistigkeit grenzende, Fahrlässigkeit zuzuschreiben, dass ihre Reiche als *Völkerkerker* empfunden wurden, statt

sich innerlich zu öffnen, um nationalen Strömungen entgegen-
zuwirken.

Auch heute noch, nach über hundert Jahren seit dem 1. Weltkrieg, versuchen diese *dynastischen Nachfolger* Honig aus der
Geschichte zu ziehen. Ein Beispiel dafür ist Herr Otto Habsburg. Dieser versuchte über Jahrzehnte immer wieder Einfluss
in Österreich zu gewinnen. Er träumte von einem *Österreichischen Königreich.* Auch die deutschen Hohenzollern zeigen
heute wieder *dynastische Zuckungen.* Immer wieder versuchen sie ihre angeblichen *Besitztümer* zu erstreiten. Es ist wirklich widerlich wie diese *politisch Untoten* immer wieder aus der
Versenkung auftauchen und ihre Machtspielchen fortsetzen
wollen.

An den beiden Dynastien kann man erkennen, wie problema-
tisch diese *ehemaligen Eliten* im Allgemeinen sind. Sie wollen
einfach keine Ruhe geben und immer wieder an ihre damalige
Macht anknüpfen. Deshalb haben meines Erachtens royale
Dynastien in unseren europäischen Machtzentren nichts mehr
verloren. Sie denken nur an den Fortbestand ihrer Familien und
haben für den normalen Bürger nichts oder wenig übrig. Da haben es die Franzosen besser gemacht - sie haben die Bourbonen für immer von ihren Thronen verjagt.

Aber das Ende der *Nationalstaateritis* ist gekommen.

5.0. DAS POLITISCHE EUROPA-PENDEL

„Irren ist menschlich. Jemand anderen dafür verantwortlich zu machen ist Politik"
(Hubert H. Humphrey, US-Politiker)

Wir haben bisher sehr intensiv über die ausgesprochen weitverbreitete nationale Denke in Europa gesprochen, die ich mit *Staateritis als unsere Erbkrankheit* bezeichnet habe.

Die *Föderalitis, als deutscher Mutant* der Staateritis

Ein *Mutant dieser Staateritis*, die *Föderalitis,* ist ausgesprochen breit und tief in der deutschen Gesellschaft und Politik verwurzelt. Es ist mehr oder minder dasselbe Virus, wie das Staateritis-Virus, tritt aber nur in Deutschland auf und ist besonders heftig in den 16 Bundesländern verbreitet. Anhand des Föderalitis-Virus kann jeder sehr gut die Auswirkungen der Staateritis erkennen.

Momentan wütet dieses Virus in breiter Front wegen des Ausbruchs der Corona-Pandemie; deutsche Bürgerinnen und Bürger sind völlig verunsichert. Ruft Frau Merkel, „Es droht Unheil", dann laufen die 16 Ministerpräsidenten auseinander und erzählen ihrem Wahlvolk 16 unterschiedliche Versionen und Regulierungen; jeder einzelne Ministerpräsident ernennt sich dann zum GRÖGAZ (zum Größten Gesundheitsminister Aller Zeiten) und *verordnet* Maßnahmen nach seinem Gutdünken. Ruft Frau Merkel „Hüh", dann rufen manche GRÖGAZe „Hott", weitere GRÖGAZe „Heh" und wieder andere GRÖGAZe „Was soll der Unsinn?" Je unterschiedlicher die jeweilige Maßnahme ist, je weiter weg sie von den gemeinsamen Beschlüssen ist, umso größer fühlt sich der jeweilige Länder-GRÖGAZ.

Mittlerweile sind zwischen Oktober 2020 und Februar 2021 ca. 30.000 (vorwiegend ältere) Menschen gestorben, obwohl man die zweite Welle hat kommen sehen und trotzdem haben die 16 Ministerpräsidenten zusammen mit ihrer Gesundheitsentourage die Epidemie einfach so laufen lassen. Jeder wusste zum

Beispiel über Schnelltests Bescheid, die 16 Gesundheitsminister haben sie aber nicht in ein Präventiv-Programm aufgenommen, *weil sie nicht 100% sicher wären*. Lieber lassen die 16 Gesundheitsminister mit ihren 16 Ministerpräsidenten 30.000 Menschen ungeschützt sterben, als dass sie gemeinsam nachgedacht haben wie ein für alle geltender <u>Pandemieplan</u> aussehen soll. So viel *kalte Überheblichkeit* dürfen sich die 16 Ministerpräsidenten schon leisten.

Das föderale Gesundheits-System hat sein faktisches *Totalversagen* vor allen Augen offengelegt und den Offenbarungseid geleistet. Es hat die schlimmsten Befürchtungen der deutschen Bevölkerung bestätigt und muss in der jetzigen Form abgeschafft und durch ein neues zentraleres System ersetzt werden.

Dem Wahlvolk schauderts und es duckt sich weg, es schämt sich manchmal für die Aussprüche seines regionalen GRÖGAZ, aber der GRÖGAZ schwurbelt munter weiter. Er schert sich *keinen feuchten Kehricht* um die gemeinsamen Beschlüsse, die in den Ministerrunden abgestimmt werden. Diese GRÖGAZe sind zutiefst verseucht von der *deutschen Föderalitis*.

Die deutsche Erbkrankheit zeigt sich aber auch in weiteren wichtigen Bereichen: zum Beispiel in der Bildungspolitik. Da mutiert der GRÖGAZ, dann zum GRÖBAZ (zum Größten Bildungspolitiker Aller Zeiten). Und wieder *grassiert die Föderalitis* in Deutschland.

Es ist so, dass zum Beispiel die deutsche Muttersprache in Flensburg eine völlig andere Grammatik hat als am Starnberger See in Bayern. Deshalb braucht der GRÖBAZ ein eigenes Bildungsministerium, ich meine natürlich, alle GÖBAZE, 16 an der Zahl, brauchen ihre Bildungsministerien, sonst könnten die GRÖBAZE nicht den jeweiligen Landes-GRÖBAZ ausleben. Alle GRÖBAZE zusammen sind der Meinung, und das ist wohl der Sachgrund, dass jeder von ihnen die deutscheste Sprache der deutschen Muttersprache beherrscht.

Und das ist bei den naturwissenschaftlichen Fächern genauso. Der jeweilige Landes-GRÖBAZ beherrscht die mathematischste Mathematik von ganz Deutschland, weswegen das der Sachgrund für sein Bildungsministerium ist. Wäre die Mathematik in Hamburg die gleiche wie in Frankfurt oder in Berlin, hätte er ja keinen Sachgrund für sein Bildungsministerium und könnte nicht den GRÖBAZ abgeben.

Bei der Physik siehts ähnlich aus. Da ist es so, dass die physikalischen Gesetze in Bremen ganz andere sind als in München und die wiederum andere als in Erfurt. Der Sachgrund sind also die unterschiedlichen physikalischen Gesetze, und schon hat der GRÖBAZ einen Grund für ein separates Bildungsministerium und kann den Landes-GRÖBAZ abgeben.

Ich frage mich allerdings, wie es die Lufthansa schafft, bei den 16 unterschiedlichen naturwissenschaftlichen Verhältnissen in den Ländern, dass die Flugzeuge immer wieder starten und landen können, ohne dass sie einen Schaden nehmen. Wahrscheinlich sitzen da 16 GRÖFAZe (Größte Flugpiloten Aller Zeiten) pro Flugzeug im Cockpit, damit die Flugzeuge sicher starten und landen können. Anders kann ich es mir nicht erklären.

Ich habe versucht die *Föderalitis* im deutschen Bildungswesen etwas enger zu fassen; aber glauben Sie mir, das ist gar nicht so einfach, weil nur die wenigsten Länder ihre Zahlen von ihren Kultusministerien veröffentlichen. Das soll wohl ein *bestgehütetes Geheimnis* bleiben; die Bevölkerung soll nicht erfahren, welcher Kostenaufwand betrieben wird, nur um den Machterhalt und die Pfründe der Ministerpräsidenten der Länder zusammen mit ihrer Ministerentourage aufrechterhalten zu können. Über drei Länder konnte ich Mitarbeiterzahlen finden. Anhand dieser Zahlen habe für die anderen Länder eine Abschätzung gemacht. Bitte beachten Sie, liebe Leserinnen und Leser, die anliegende Tabelle als reine Orientierungshilfe, um über Größenordnungen zu sprechen.

Kultusministerien in Deutschland, Mitarbeiter						
(Mitarbeiter nur in den Ministerien, ohne Bildungsadministration, also Lehrer, Administration etc)						
Quelle: Wikipedia gemäß jeweiliger Landesplattformen, Statista						
Land:	Jahr der Erhebung			Anzahl	Schätzbasis	Einwohner Ca-Werte Mio
Bundesministerium für Bildung und Wissenschaft			2019	1.000		
Kultusminsterien in den Ländern						
Berlin			k. Angabe	140	Schätzung Basis BaWü	3,7
Hamburg			k. Angabe	70	Schätzung Basis BaWü	1,8
Bremen			k. Angabe	30	Schätzung Basis BaWü	0,7
Bayern	2020			340		13,1
Baden-Württemberg	2013			400		11,1
Rheinland-Pfalz, MI Bildung			k. Angabe	150	Schätzung Basis BaWü	4,1
Saarland			k. Angabe	40	Schätzung Basis BaWü	1,0
Hessen	2013			243		6,3
Nordrhein-Westfalen			k. Angabe	650	Schätzung Basis BaWü	18,0
Niedersachsen			k. Angabe	290	Schätzung Basis BaWü	8,0
Sachsen			k. Angabe	150	Schätzung Basis BaWü	4,1
Thüringen			k. Angabe	80	Schätzung Basis BaWü	2,1
Sachsen-Anhalt			k. Angabe	80	Schätzung Basis BaWü	2,2
Brandenburg			k. Angabe	90	Schätzung Basis BaWü	2,5
Mecklenburg-Vorpommern			k. Angabe	60	Schätzung Basis BaWü	1,6
Schleswig-Holstein			k. Angabe	110	Schätzung Basis BaWü	2,9
KMK, Kultusministerkonferenz	2004			200		
Summe Deutschland (ohne BMBW)				**3.123**		83,2
Summe Deutschland (mit BMBW)				**4.123**		

(Tabelle und Abschätzung: Rodolfo Di Telo, Daten Wikipedia, Statista)

Über alle 16 Länder hinweg gibt es also grob ca. 3.000 Mitarbeiter, die ca. 200 ständigen Mitarbeiter der Kultusministerkonferenz (KMK) hinzugerechnet. Was schreibt der Tagesspiegel bereits im Jahr 2004 (also vor 17 Jahren!) dazu (neuere Zahlen habe ich leider nicht gefunden):

„In der Geschäftsstelle der KMK in Bonn und in einer Nebenstelle in Berlin arbeiten rund 200 Mitarbeiter. Der Jahresetat des Gremiums beträgt 50 Millionen Euro. Davon werden rund 20 Millionen Euro für Personal-, Sach- und Reisekosten ausgegeben."
(Quelle: Der Tagesspiegel, Kultusministerkonferenz, 23.09.2004).

Ergänzt man die 3.000 Mitarbeiter in den 16 Ländern um die 1.000 Mitarbeiter im Bundesbildungsministerium (BMBW), dann arbeiten also mehr als 4.000 Mitarbeiter im Bereich Bildung allein in den Ministerien; die notwendigen Lehrer und die zugehörige Administration sind in der oben genannten Tabelle gar nicht eingerechnet, die werden separat erfasst.

Da das BMBW in Bonn residiert, fallen sicherlich hohe Reisekosten an, sodass man die grob angegebenen Kosten der KMK pro Mitarbeiter unterstellen kann. Das sind ca. <u>100 T€/Ma</u> (20 Mio. € bei 200 Mitarbeitern in der KMK).

Anhand dieser Zahl kosten also die 16 Kultusministerien inkl. der KMK den Steuerzahler jedes Jahr grob 300 Mio. € (ca. 3.000 MA x 100 T€/Ma)! Rechnet man noch die Mitarbeiter des BMBW (1.000 Ma) hinzu, dann wären das ca. 400 Mio. €! Jedes Jahr!

Würde man durch Zusammenlegung der 16 Kultusministerien nur 25% (ca. 1.000 Ma) einsparen, dann wären das jedes Jahr 100 Mio.€!

Davon könnte man ca. 200.000 Laptops für die Schüler und Lehrer anschaffen, jedes Jahr!

Spricht man dann über *die Leistung* dieser Gebilde, dann wird einem *blümerant*. Wie schreibt Martin Spiewak von Zeit-Online am 10.01.2018 dazu:

„Seit 70 Jahren verhandelt die Kultusministerkonferenz über ein bundesweites Bildungsniveau. Nicht konsequent genug, sagen frühere Mitglieder, sie fordern Reformen." Und weiter „In einem Brief an die Ministerpräsidenten der Bundesländer, der der ZEIT exklusiv vorliegt, fordern sie eine grundlegende Reform der Bildungspolitik, unter anderem ein deutsches Zentralabitur" und weiter unten „So hatte kurz vor Weihnachten das Bundesverfassungsgericht in seinem Urteil zum Numerus clausus beklagt, dass die Abiturnoten in Deutschland zwischen den Bundesländern nicht vergleichbar sind. Man nehme in Kauf, dass Studienplatzbewerber "erhebliche Nachteile erleiden", je nachdem, wo sie das Abitur erwerben."

Das nur zum Thema Leistung (englisch Output!).

Das ist ein gewaltiger Seitenhieb gegen die Länderchefs, aber das scheint sie nicht zu berühren. Munter treiben sie ihre

Macht- und Pfründenspiele weiter, aber da gibt es ein deutsches Sprichwort: „Der Krug geht solange zum Brunnen, bis er bricht!"

Es muss wohl leider zu einer so katastrophalen Pandemie kommen, um die föderalistischen Lücken offen zu legen, weil das Geld knapp wird. Seit über 70 Jahren treiben diese GRÖBAZE ihr Unwesen auf Kosten der Hunderttausende von Abiturienten, und haben immer noch kein Zentralabitur zusammengebracht. Da bleibt dem Steuerzahler nur noch der Mund offen für so viel politische Dreistigkeit.

<u>Die *Zentritis*, der französische Sondermutant der Staateritis</u>

Eine ganz besondere Form der Staateritis scheint mir die *französische Zentritis* zu sein; sie ist eine uralte französische Sonderform unserer europäischen Erbkrankheit und geht meines Wissens zurück bis weit ins 15. Jahrhundert. Besonders ausgeprägt war sie während der Regierungszeit Ludwigs des XIV, der die Zentritis auf den einfachen Satz reduzierte: „L´état, c´est moi!" (Der Staat bin ich). Prägnanter kann es ein Diktator nicht formulieren.

Die absolutistisch regierenden Bourbonen im 17. und 18. Jahrhundert bauten eine so fest gefügte Zentralregierung in Frankreich auf, dass das französische Volk auch heute noch mehr oder minder an dieser Staatsform leidet. Wie steht es bei Wikipedia: „Frankreich gilt spätestens seit Ludwig XIII. und Kardinal Richelieu als Inbegriff des zentralisierten Staates." (Quelle: Wikipedia, Frankreich).

Die Staatsmacht ist in Paris konzentriert, und zwar politisch wie auch wirtschaftlich. Auch die Medien werden kontrolliert. Wie steht es kurz und knapp bei Wikipedia:

„France Télévisions ist die öffentlich-rechtliche Fernsehanstalt Frankreichs mit Sitz in Paris und gehört zu 100 Prozent der Französischen Republik. Das Hörfunkpendant ist Radio France" und weiter: „Außerdem hat sie Anteile an ARTE France *(dem französischen Mitgesellschafter des französisch-deutschen Kultursender arte)*, dem europäischen Nachrichtensender euronews" (Quelle: Wikipedia, France Télévisions).

Alles, aber auch wirklich alles, wird vom französischen Staat kontrolliert! Der Staat ist wie ein großer Krake, der bis in den kleinsten Winkel des Landes hinein seine Tentakeln ausgestreckt und *im Griff* hat. Frankreich ist in gewisser Weise *unter der Totalkontrolle* des Staates. Aus diesem Grund herrscht in Frankreich ein überbordendes Heer an (gutverdienenden) Beamten und Ministerialen, die als *die Eliten* dem Land *wirtschaftlich zur Last fallen.* Sie sind *das beamtete Pendant* zu den *deutschen Föderalitis-Ministerialen.*

Auch die Wirtschaft ist ausgesprochen stark staatsgetrieben; wie bei Wikipedia zu lesen ist:

„Traditionell betreiben staatliche Akteure in Frankreich eine intensive Wirtschaftspolitik und Industriepolitik; es gibt vergleichsweise starke staatliche Eingriffe. Die Ideen des Merkantilismus - speziell des Colbertismus - wirken in Frankreich bis heute nach." (Quelle: Wikipedia, Frankreich)

Diese *Zentritis* sorgt dafür, dass ein (positiver) Wettbewerb in der Wirtschaft nur in sehr geringem Umfang stattfindet.

Die *französische Zentritis* ist das politische Gegenstück zur *deutschen Föderalitis,* es sind die beiden Seiten ein und derselben Medaille, nämlich der europäischen Erbkrankheit *Staateritis.*

Sie sind in gewisser Weise die *extremen Pole desselben Pendels,* die wir europäische Bürger mehr oder minder ungefiltert zu spüren bekommen.

<u>Das politische Europa-Pendel</u>

Die beiden politischen und wirtschaftlichen Gegenpole, nämlich die *französische Zentritis* sowie die *deutsche Föderalitis*,
beherrschen die EU-Szene in Brüssel jeden Tag und führen
letztlich zu der bekannten *kakophonen Meinungsbreite* innerhalb der EU.

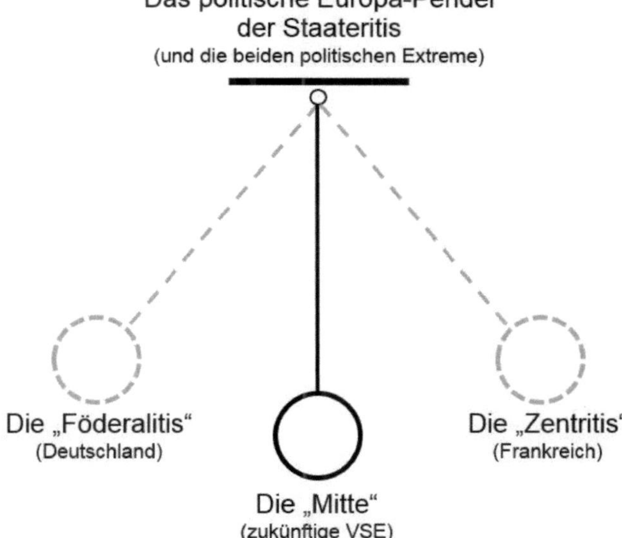

(Skizze: Rodolfo Di Telo, Das politische Europa-Pendel der Staateritis)

„Die Wahrheit liegt immer in der Mitte", sagt ein deutsches
Sprichwort. Ich denke, gerade im Fall von Deutschland und
Frankreich wäre die Mitte zwischen deutscher Föderalitis und
französischer Zentritis das richtige Maß, um ein supranationa-
les Staatengebilde zu einem guten Ergebnis zu führen.

Zur Überwindung der Staateritis gehört auch ein Ausgleich der
unterschiedlichen politischen Kulturen innerhalb der EU und in
Europa. Dafür wäre eine Analyse dieser beiden grundlegend
unterschiedlichen Systeme vorab notwendig und müsste vor

der Bildung der Vereinigten Staaten von Europa stattfinden, im Rahmen der Festschreibung einer gemeinsamen europäischen Verfassung.

54

<u>Das Ende der Nationalstaaten („Quo Vadis Europa?")</u>

Ich glaube, ohne die geschichtliche Entwicklung Europas zu kennen, ist es nicht, oder kaum verständlich, warum wir solch zahllose Nationen mit so einer ausgeprägten *Nationalstaateritis* haben, diese übertriebene Nationalstaatsdenke, die in weiten Bereichen krankhafte Züge in sich trägt.

Wir sind jetzt bereits im 21. Jahrhundert angekommen. Aber 75 Jahre nach dem zweiten Weltkrieg und über 100 Jahre nach dem ersten Weltkrieg stehen wir alle zusammen vor einem nationalpolitischen *Scherbenhaufen* in Europa. Wir sind verpflichtet über unsere europäische Zukunft nachzudenken, wollen wir nicht *samt und sonders untergehen*, wollen wir nicht von den großen außereuropäischen Mächten filetiert werden.

Das Modell des Europas der vielen Nationen hat ausgedient, es ist obsolet, vielmehr hängt es wie ein *Klotz am Bein* an uns allen dran. Es ist wie *eine Erbkrankheit*, die von Generation zu Generation weitergereicht wird und mal mehr, mal weniger ausbricht, und unter der wir Europäer alle leiden müssen.

Natürlich haben wir die EU, heute der 27, aber ist sie wirklich die glänzende Alternative zur grassierenden *Staateritis*? Ist sie der Ausweg aus unserem europäischen Flickenteppich?

Ist nicht die EU eher die gelebte Demonstration *des status quo*, ist sie nicht eher die in Rahmen gegossene Fortsetzung unserer europäischen Erbkrankheit – nach außen gerichtet eine Union, nach innen gerichtet ein kakophonisch spielendes Laienorchester mit einem Dirigenten, der nicht dirigieren darf, der nicht den Takt vorgeben kann. Jedes Instrument klingt daher anders und hat keinen oder kaum einen Zusammenhang zu den anderen Instrumenten.

Wenn es nicht so traurig wäre, könnte man sich darüber amüsieren. Und das tun sie schon, die Politiker in den USA, in China und in Putins Russland. Sie reiben sich die Fäustchen über unsere eigene Dummheit und machen Witze auf unsere Kosten.

Luff, „Händereiber"

Während die großen außereuropäischen Mächte innerlich zusammengeschweißt und nach außen mit einer Stimme sprechend, agieren unsere Nationalstaatspolitiker bei einer Bedrohung wie ein Haufen aufgescheuchter Hühner, jedes gackert aufgeregt vor sich hin und läuft in unterschiedliche Richtungen davon, statt dass sie ein bisschen ihrer nationalen Macht zugunsten einer supranationalen Regierung abgeben und damit mit einer Stimme sprechen würden. Aber das alles haben wir bereits im 3. Kapitel angesprochen.

Die EU in der heutigen Form ist nicht die Lösung unseres nationalstaatlichen Problems in Europa, die aktuelle EU ist da eher ein Verstärker dieser Problematik und daher nicht die Lösung.

Die heutige EU ist vielleicht der erste Schritt in eine (möglicherweise) richtige Richtung. Sie mag eine gute Zwischenlösung sein, aber die Lösung unseres europäischen Nationalstaatsproblems ist sie meines Erachtens definitiv nicht.

Da muss mehr kommen. Wir brauchen eine andere Lösung!

<u>Europa der Regionen ohne nationale Grenzen</u>

Ein weiteres, viel diskutiertes Thema, ist das des *Europas der Regionen.* Der Begriff *Region* soll andeuten, dass bestimmte Gebiete in Europa nicht ausschließlich den nationalen Grenzen folgen, sondern transnational, d.h. grenzüberschreitend, vorliegen.

Am Beispiel der belgischen Nation lässt sich das gut beschreiben. Belgien besteht aus dem flandrischen Norden, dem wallonischen Süden und einer kleinen Minderheit Deutscher im östlichen Teil. Im flandrischen Teil spricht man flämisch, dem holländischen sehr nahe, im wallonischen Teil Französisch mit Nähe zu Frankreich und im östlichen Teil deutsch. Aber alle Landesteile sind im Nationalstaat Belgien vereint.

Ein weiteres Beispiel ist Südtirol; es gehört seit 1919 zu Italien, war aber über Jahrhunderte Teil von Tirol, Österreich.

Sie werden sich fragen, warum ich dieses politisch sensible Thema überhaupt aufgreife. Die zwei Regionen stehen exemplarisch für viele Regionen in Europa, zwischen denen im Laufe der Geschichte oft willkürlich politische Grenzen gezogen wurden. Regionen wurden oft aufgeteilt zwischen verschiedenen Nationen. Die Gründe sind vielfach, haben unterschiedliche Ausgangspunkte und sind meist sehr komplexer Natur. Daher möchte ich sie hier nicht vertiefen, sie würden viel zu viel Raum beanspruchen und würden trotzdem keinen einzigen Punkt unserer Nationalstaateritis lösen. Sie sind auch nicht mit dem heutigen Nationalstaatsdenken – auch innerhalb der EU nicht – lösbar. Grenzen sind Grenzen und bleiben Grenzen, auch wenn es versucht wird, sie manchmal *weg zu interpretieren.*

Regionen breiten sich über unterschiedliche Nationen aus und bilden Minderheiten im einen oder anderen Land. Deren Hauptethnien beobachten oft argwöhnisch, dass alles *in Ordnung sei mit den Minderheiten im angrenzenden Land* und, dass die jeweilige Minderheit nicht unterdrückt wird oder deren Rechte untergraben werden.

Wie einfach wäre es doch, wenn es keine Nationalgrenzen gäbe, dann könnten die Regionen hüben und drüben kommunizieren ohne durch nationale Grenzen *eingegrenzt* zu sein. Sie wären in einer Union vereint, sie wären nur ein vereintes Gebiet mit gleichen Rechten und Pflichten. Solch einen Zustand könnte man schon als paradiesisch bezeichnen. Auch das Europa der Regionen fordert die Europäer direkt auf, unsere Nationen in eine übergeordnete, supranationale politische Einheit zu überführen.

6.0. EIN AUFRUF AN DIE EUROPÄISCHE JUGEND

„Die Hunde bellen, die Karawane zieht weiter."
(Orientalisches Sprichwort, von Helmut Kohl verwendet)

Liebe europäische Jugend,

ihr seid die Enkelgeneration der Kriegsväter und -mütter, die während des 2. Weltkriegs in ganz Europa Tod, Hunger und Elend erleben mussten. Ihr seid die Generation, die die Erfolge ihrer Aufbauarbeit genießen darf, und deshalb widme ich dieses Kapitel Euch im Besonderen.

<u>Aufbau nach dem 2. Weltkrieg ab 1945</u>

Obwohl fast ausnahmslos traumatisiert durch Krieg, Zerstörung und Vertreibung, musste Eure Großvätergeneration nach dem Krieg den Wiederaufbau organisieren. Sie mussten die Kriegswirren physisch wie auch psychisch wegstecken, keiner konnte ihnen helfen, es war niemand da, der ihnen zur Seite stand. Die einzige Nation, die wirtschaftlich, aber auch politisch half, waren die Vereinigten Staaten mit dem Marshall-Plan, mit dem die ersten Starthilfen geleistet wurden, weil erkannt wurde, dass ein Staat nur langfristig (über)leben kann, wenn er wirtschaftlich wieder auf die Beine kommt. So konnten sich viele von ihnen wenigstens auf ihr privates und berufliches Fortkommen konzentrieren und damit ein weitgehend stabiles und demokratisches Umfeld schaffen.

Außerdem wurde bereits in den 1950iger Jahren die Montanunion geschaffen, die einen starken und großen Wirtschaftsmarkt bereitstellte und für Prosperität innerhalb ganz Europas sorgte. Politisch war die Montanunion nur eine Wirtschafts-, aber keine politische Union, auch später nicht während der daraus hervorgegangenen Europäischen Wirtschaftsgemeinschaft (EWG) und der folgenden Europäischen Union (EU). Die Themen Nationalstaat oder Vereinigte Staaten von Europa (VSE) waren sicherlich nicht im Fokus der vielen Millionen

Menschen in ganz Europa. Und das war damals gar nicht notwendig.

Schon während meiner Zeit, als erste Nachkriegsgeneration, herrschten bereits sehr gute und vor allem auch stabile politische Verhältnisse, wir konnten uns daher weitgehend unbelastet auf Bildung und beruflichem Fortkommen konzentrieren. Das von uns allen produzierte Bruttonationalprodukt stieg überall an und sorgte dafür, dass wir uns alle stetig mehr leisten konnten; vor allem auch Urlaub und Reisen in die Nachbarländer wurden von immer größeren Bevölkerungsgruppen wahrgenommen und so lernten sich die Europäer immer näher kennen. Studienaustausch und Auslandssemester taten ihr Übriges, günstige Interrail-Tickets und immer billigere Autos erlaubten das Reisen kreuz und quer durch Europa auch für den kleinen Geldbeutel.

Allerdings befanden sich am Ende einer Reise manchmal viele unterschiedliche Währungen im Geldbeutel; jede Nation hatte ihre eigene Währung und beim Verlassen eines Landes blieben meist ein paar Groschen oder Pfennig oder Franc oder Kronen in der Tasche zurück. Während meiner ersten Interrailreise durch Europa zum Beispiel besuchten meine Freunde und ich Deutschland, Dänemark, Schweden, Norwegen, Holland, Frankreich und England, wir hatten also zum Schluss sieben unterschiedliche Währungen in der Brieftasche vorliegen. Aber das tat natürlich dem Reisen keinen Abbruch, wir waren einfach nur glücklich in das europäische Ausland reisen zu dürfen.

Beim einen oder anderen führte das sogar zu engen Freundschaften oder zu transnationalen Ehen und Partnerschaften, Kinder mit zwei Nationalitäten wurden immer häufiger, das könnt ihr als Nachfolgegeneration sicherlich bestätigen. Und so wuchs und wächst die europäische Bevölkerung praktisch von innen heraus immer mehr zusammen.

Zwischenzeitlich fielen innerhalb der EU die Schranken und so können wir alle ohne große Umstände in viele europäische Länder reisen ohne eine Grenze zu spüren.

Diesbezüglich haben die Politiker sowohl der Kriegsgeneration als auch der Nachkriegszeit sicherlich viel geleistet, Europa, und im Speziellen die EU zu einem Erfolgsmodell werden zu lassen. Man kann mit Fug und Recht behaupten, dass die EU heute zu den drei oder vier stärksten Wirtschaftszonen der Welt gehört; dafür gebührt den europäischen Politikern insgesamt ein großes Lob.

Mit dem Zerfall des diktatorisch geführten Ostblocks in den 1990er Jahren war auch der Sowjetkommunismus beendet und so versuchten viele Ex-RGW-Staaten möglichst rasch in die EU zu gelangen, was ihnen auch gewährt wurde. Zum Schluss waren es 28 Mitgliedsstaaten und eine einheitliche Währung in vielen EU-Ländern.

<u>Es fehlt eine VISION für Europa</u>

Was meine Politikergeneration leider nicht geschafft hat, war die Schaffung einer politischen Union - und die EU ist es bis heute nicht. Das ist die *Achillesferse* der EU.

Dies mache ich meiner Politikergeneration zum Vorwurf. Sie hatte nach 1990 keine Vorstellung entwickelt über die Zukunft Europas; sie hatte keine Idee oder wollte keine Vision von Europa entwickeln. Sie haben damit alle zusammen eine große Lücke hinterlassen. Sie haben nichts gegen unsere *europäische Erbkrankheit* entwickelt, sondern sich bräsig in ihren Sesseln vergraben und ihre nationalstaatliche Überheblichkeit auf unsere Kosten ausgelebt. Sie haben euch, liebe junge Europäer, eine große Bürde hinterlassen und ich fühle selbst eine gewisse Mitschuld in mir, weil auch ich diesen *Staateritis-Rattenfängern* auf den Leim gegangen bin. Unsere heutige Politikergeneration, egal welcher politischen Richtung, egal in welcher Nation, hat diesbezüglich ihre Aufgaben nicht erfüllt und muss schnellstmöglich abtreten, bevor sie noch mehr Unheil anrichtet. Der politische Scherbenhaufen ist mittlerweile riesengroß.

Die Zeit ist nicht stehen geblieben und gerade seit Beginn des 21. Jahrhunderts hat sich global vieles und auch entscheidendes verändert. Ich denke an folgende grobe Themen, die uns alle, auch die nächsten Jahrzehnte, noch wesentlich binden werden, Themen, die eine einheitliche und *starke Antwort* aus Europa fordern:

- Der aufkeimende Retro-Islamismus und die Wiederkehr religiöser Strömungen
- Das wiedererstarkte Russland Putins mit den weltweiten Machtansprüchen
- Die mächtige chinesische Volksrepublik mit globalen Ambitionen
- Der Brexit Großbritanniens mit der Schwächung der EU

- Der Unilateralismus der USA mit den globalen Auswirkungen
- Die diktatorischen Verrenkungen des Türken Erdogan
- Die innere Zerrissenheit der EU
- Nicht zuletzt die allgegenwärtigen Probleme wie Klimaveränderung, Migration, Sicherheit oder Infrastruktur
- Pandemien wie Covid-19

Von 1990 bis heute sind über 30 Jahre vergangen und Eure Generation, liebe junge Europäer, steht jetzt in den Startlöchern, um den Stab zu übernehmen. Und ihr habt viel zu tun, wenn auch ihr zukünftig Europa und die Welt gestalten wollt. Diesbezüglich haben wir, unsere Generation sowie unsere Politiker, leider ein großes Vakuum hinterlassen, das Ihr werdet füllen müssen. Allein die oben vorgestellten, groben Themenkreise zeigen schon die vielen Aufgaben, die ihr bewältigen müsst.

Deshalb kann ich Euch nur zurufen:

„Junge Europäer, steht zusammen!"

„Junge Europäer, geht die Probleme gemeinsam an!"

Mich beschäftigt das Thema Europa besonders seit dem Brexit und der Wahl Donald Trumps in die USA und seit der damit einhergehenden gleichzeitigen Ohnmacht und Machtlosigkeit Europas.

Junge Europäer, keine Nation in Europa kann allein die politischen Löcher stopfen, ihr könnt es nur zusammen tun. Deshalb müsst ihr einen Weg finden, wie ihr gemeinsam zu Werke geht.

Eure mögliche Gegenfrage ist sicherlich berechtigt und liegt auf der Hand, warum unsere Generation nicht schon die vor genannten Fragen angegangen ist.

Unsere Politiker sind viele Herausforderungen angegangen, aber fast alle nur auf der nationalen Ebene. Auf EU-Ebene wird leider zum Schaden aller nur *palavert* und *gekungelt*; auf EU-Ebene wird praktisch nicht regiert und schon gar nichts Wesentliches entschieden.

Das Problem habe ich in den vorherigen Kapiteln detailliert angesprochen und diskutiert. Es ist die, noch immer nicht überwundene, Nationalstaatsdenke unserer Politikergeneration, die gemeinsamen Entscheidungen im Wege steht. Es ist die nach wie vor gegebene *Machtverliebtheit* unserer Politiker, die *kein Jota* an die, schon vorhandene, supranationale EU-Ebene abgeben möchten. Das ist unser *Stachel im Fleisch Europas*. Unsere eigenen Nationalpolitiker sind mehr die Bremser als die wirklichen Former eines supranationalen Europas. Sie sehen eine EU-Regierung eher als Bedrohung ihrer Macht an als einen Gewinn.

In Beraterkreisen gibt es dazu eine sehr treffende Beschreibung zu dieser Einstellung:

„Willst du den Sumpf trockenlegen, dann darfst du nicht die Frösche fragen!"

Ihr dürft nicht auf unsere derzeitigen Nationalstaatspolitiker hören, sondern ihr müsst Euch selbst politisieren und die vorhandenen Politiker verdrängen.

Ihr jungen Europäer, *nehmt das Heft selbst in die Hand* und zwingt Eure nationalen Politiker, dass sie ihre Macht an eine supranationale EU-Regierungsebene abgeben, um endlich die großen Brocken anzugehen.

Hierzu habe ich mehrere Vorschläge, die in den folgenden Kapiteln näher beschrieben sind:

- Gründung von Europaparteien
- Start mit einem *Kerneuropa*
- unterschiedliche Realisierungszeiträume (unterschiedliche Geschwindigkeiten)
- Einsetzung einer supranationalen Regierung
- Beschleunigung von supranationalen Medien

Über die Gründung von Europaparteien sowie supranationalen Medien werde ich detailliert in einem weiteren Buch berichten. Ich möchte aber darauf hinweisen, dass ich in meinem Buch „Wir Europäer wollen wieder mehr Europa wagen" darauf eingegangen bin und erste Anforderungen an eine mögliche Europapartei skizziert habe.

Außerdem gibt es schon eine supranationale Partei, die innerhalb der EU in den jeweiligen Nationalstaaten bei Wahlen antritt. Es ist eine Partei, die von jungen Europäern gegründet wurde.

Auch bin ich der Überzeugung, dass es nur durch Euch, junge Europäer, gelingen wird eine supranationale EU-Regierung zu bilden, wenn ihr Euch in neuen Europaparteien engagiert. Ich bin der Überzeugung, dass die etablierten Nationalparteien keine großen Hilfen sind, weil sie viel zu stark in den Nationen selbst verankert sind und kein Interesse haben, Macht an eine übergeordnete Regierungsebene abzugeben.

Der Weg, eigene Europaparteien zu gründen und in den Nationalstaaten anzutreten, scheint mir sicherlich der richtige Weg zu sein.

7.0. EU UND SUPRANATIONALE SYSTEME

„Tadele nicht den Fluss, wenn du ins Wasser fällst."
(Indisches Sprichwort)

Es wurde in den vorangestellten Kapiteln schon sehr ausführlich über die politischen Mängel innerhalb der EU diskutiert und nun wird zu möglichen supranationalen Regierungssystemen übergegangen.

Bevor wir uns aber dieser Frage widmen, möchte ich festhalten, welche Anforderungen an die beiden Staatensysteme denn gestellt werden müssen. Dies ist wichtig, denn es könnten andernfalls unrichtige Schlüsse gezogen und damit eine falsche Entscheidung getroffen werden. Wir müssen einen groben Kriterienkatalog erstellen, um die weiteren Themen behandeln zu können.

<u>Ein üblicher Kriterienkatalog für eine mögliche VSE-Regierung und eines VSE-Parlaments</u>

Ich habe in dem Kriterienkatalog übliche Anforderungen an gewählte Regierungssysteme genannt und danach die Anwendung dem aktuellen System in der EU gegenübergestellt.

A.) Fähigkeit zur selbstständigen Gesetzgebung (Legislative) und Umsetzung (Exekutive) durch ein unabhängiges Parlament sowie eine unabhängig gewählte EU-Regierung.

Der Kernmangel auf der EU-Ebene scheint mir die aktuelle Unfähigkeit des EU-Parlaments zu sein, selbstständig Gesetze erlassen zu dürfen und diese auch in die Praxis umsetzen zu können. Diese Unfähigkeit betrifft praktisch alle Ebenen der Politik, wie die Haushalts-, Außen-, Innen-, Wirtschafts-, Sicherheits- oder die Rechtspolitik. Genau genommen ist die EU-Ebene daher nur eine schöne *Hülle mit leerem Inhalt*, da alle wesentlichen politischen und wirtschaftlichen Entscheidungen einstimmig im Europäischen Rat, also dem Gremium der EU-Länderchefs, beschlossen werden. Die anliegende Skizze „EU-Labyrinth" zeigt die undurchsichtigen Strukturen innerhalb der

EU. Es erinnert mich an den berühmten *Gordischen Knoten* der Antike.

Das EU-"Labyrinth"

(Skizze: Rodolfo Di Telo, „EU-Labyrinth")

Der *Europäische Rat* ist „die Regierung der EU"; das *Krönungsrecht* zur Regierungsbildung ist im EU-Parlament nicht vorhanden und sicherlich auch bewusst nicht vorgesehen.

Die *Europäische Kommission* zusammen mit dem/der *Kommissionspräsident/in* sind eigentlich die europäische Regierung, aber die Zusammensetzung erfolgt basierend auf dem Vorschlag der jeweiligen Länderregierungen. Jedes Land darf einen Kommissar ernennen, der Kommissionspräsident darf bei der Auswahl mitreden, hat aber kein Vorschlagsrecht. Das haben nur die jeweiligen Länder. Darüber hinaus hat die Kommission aber nur ein *Vorschlagsrecht* für ein Gesetz.

Die Legislative liegt beim *EU-Parlament* und dem ominösen *Rat der Europäischen Union*; der wird wiederum von politischen Mandataren der nationalen Parlamente besetzt. Das EU-Parlament ist leider nur eine *hohle Sprechblase* ohne wirkliche Kompetenzen. Die Abgeordneten dürfen *Machen und Tun*, aber das Krönungsrecht für Gesetzesentscheidungen haben sie nicht.

Der *Rat der Europäischen Kommission* ist eine recht undurchsichtige Einrichtung. Wie schreibt der Tagesspiegel vom 06.12.2020:

„Auch Transparency International kritisiert die EU

Geheime Gesetzgebung unter Umgehung des EU-Rechts? Das ist ein schwerer Vorwurf. Aber (Emily) O'Reilly (Anm: seit 2014 „European Ombudsman") steht damit nicht allein. Auch Transparency International warnt vor der "Lücke in der Rechenschaftspflicht" und dem "demokratischen Defizit" im Ratsapparat. "Es ist nicht möglich, die legislativen Beratungen im Rat ordnungsgemäß zu verfolgen", schreiben die Bürgerrechtler in einer ausführlichen Studie, die sie nächste Woche vorstellen werden.

Die gleiche Beschwerde führen Parlamentarier aus 20 nationalen Parlamenten und mit ihnen prominente Juristen, darunter auch der frühere Generalanwalt des Europäischen Gerichtshofes, der Portugiese Miguel Poaires Maduro. Die Geheimhaltungspraxis des Rates "widerspricht der geltenden Rechtsprechung", sagte er im Gespräch mit Investigate Europe.

Das europäische Journalistenteam hat darum eine Langzeitrecherche darüber begonnen, wie es zugeht, wenn nationale

Diplomaten die Gesetze für die EU schmieden. Die ersten Ergebnisse öffnen Einblicke in eine weitgehend unbekannte Sphäre der Politik. Im Brüsseler Rat

- betreiben nicht gewählte Politiker, sondern nationale Regierungsbeamte die Gesetzgebung, darum gelten die Regeln der vertraulichen Diplomatie, nicht die einer transparenten Demokratie;

- behindert die diplomatische Geheimhaltung die Entscheidungsfindung und den öffentlichen Diskurs, darum stecken Dutzende wichtiger Gesetzesvorschläge jahrelang fest und scheitern, ohne dass die Bürgerinnen je davon erfahren;

- werden Reformen zur Steuerpolitik im Schutz der Geheimniskrämerei genauso blockiert wie eine Frauenquote für Aufsichtsräte. Den Langzeitrekord hält ironischerweise eine Verordnung für mehr Transparenz, die seit zwölf Jahren im Nirwana der Verhandlungen hängt;

- müssen sich die Verantwortlichen für ihre Ergebnisse und ihre Fehler fast nie öffentlich rechtfertigen, das ermöglicht Einflussnahme durch Lobbyisten und krumme Deals hinter dem Rücken der Wähler."

Darüber hinaus weist der Artikel auf Folgendes hin:

„Deren Arbeit koordiniert der Rat der ständigen Vertreter, im EU-Jargon nach der französischen Abkürzung "Coreper" genannt. Ihnen zur Seite steht dabei ein "Generalsekretariat", das mit 3000 Beamten das komplexe Räderwerk organisiert. Gemeinsam kommen alle Beteiligten auf rund 4000 Treffen im Jahr, die in den drei Gebäuden des Rates gleich gegenüber dem Sitz der EU-Kommission stattfinden, hinter verschlossenen Türen und ohne öffentliche Protokolle." (Quelle: Der Tagesspiegel vom 06.12.2020, 150 Ausschüsse und 4.000 Treffen im Jahr)

Tja, was soll ich sagen liebe Europäerinnen und Europäer, da gibt es also eine (von allen Nationen getragene) Institution, die

„ermöglicht Einflussnahme durch Lobbyisten und krumme Deals hinter dem Rücken der Wähler .... und hinter verschlossenen Türen und ohne öffentliche Protokolle".

Diese Institution ist wohl die *in EU-Beamtentum gegossene Betrugsmaschine der europäischen Länder*, die also Gesetze zusammen mit Lobbyisten *erkungelt* und die dann auf Kosten von uns europäischen Bürgern Gesetzeskraft erlangen. Da arbeitet eine Behörde *mit dem Segen unserer politischen Vertreter*, also von Herrn Macron, Frau Merkel und weiteren 25 Länderchefs, um uns Bürger sprichwörtlich *hinters Licht zu führen*. Das muss man *sich mal auf der Zunge zergehen lassen*, Betrugsvorwurf unter dem zulassenden Dach unserer Länderchefs!

B.) Direkte Wahl des EU-Parlaments durch die EU-Bürger mittels EU-Parteien („One man one vote") und Sperrklausel.

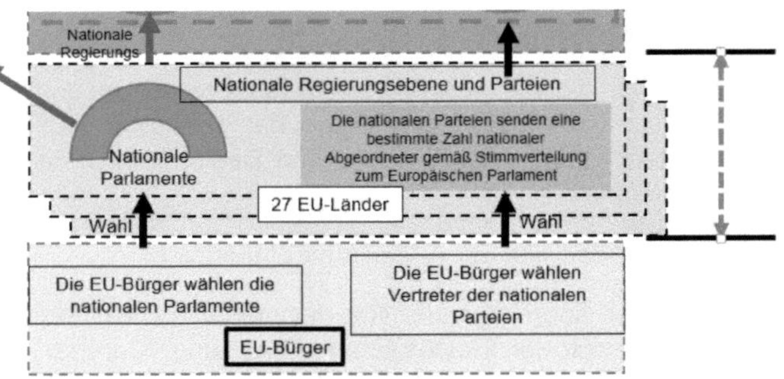

(Skizze: Rodolfo Di Telo, EU-„Labyrinth")

Und so geht es weiter in der momentanen EU! Wir europäische Bürgerinnen und Bürger werden vollkommen *außen vor gelassen*. Wir dürfen ausschließlich nur nationale Parteien wählen, die dann ihre Mandatare in das EU-Parlament entsenden. Das ist *Entmündigung pur*, das ist eine Beleidigung unseres selbstständigen Handelns! Wir dürfen Steuern zahlen, wir dürfen uns für die Unfähigkeit vieler Chefs schämen, aber abwählen dürfen wir sie nicht! Diese bräsige nationalpolitische Abgeordnetenmasse besetzt alle, aber auch wirklich alle Posten und verdrängt uns europäische Bürger auf die Hinterbänke der Politik. Der Vogel wird dann noch abgeschossen, indem unsere Nationalpolitiker die Mandatare nicht nach der Zahl der abgegebenen Stimmen nach Brüssel senden, sondern nach der willkürlich bestimmten und *ausgekungelten* Anzahl je nach Mitgliedsland. Das führt dazu, dass sich EU-Parlaments-Abgeordnete zuvörderst gegenüber den nationalen Parteien, und damit auch den nationalen Parlamenten, verpflichtet fühlen als gegenüber der übergeordneten EU-Ebene. Dem Ganzen wird noch die Krone aufgesetzt, indem durch die festgelegte Anzahl der EU-Sitze im Parlament die Stimmen eines kleinen Landes wie Malta zum Beispiel einen um vieles höheren Wert haben als die von größeren Ländern wie Deutschland oder Frankreich. Das ist einfach ungerecht und nicht rechtens, weil es eklatant dem Gleichheitsprinzip von Stimmen widerspricht.

Die eben vorgestellte Vorgehensweise entspricht in etwa der der USA mit kleineren und größeren Abweichungen. Die Frage muss gestellt werden, ob das in der heutigen Zeit so sein muss.

C.)   Trennung von präsidialen und legislativen Aufgaben (Trennung vom Amt des Präsidenten und des EU-Kanzlers)

Da es keine EU-Regierung mit einem Kanzler im eigentlichen Sinne gibt, gibt es auch keine Trennung von Präsidentenamt und Kanzler. Der vorhandene Kommissionspräsident ist ein *König ohne Land*, er wird zwar formal vom EU-Parlament gewählt, ist aber zuvörderst eine Person von Gnaden des Europäischen Rats. Das liegt daran, dass der Europäische Rat den Kandidaten bestimmt und die Länderchefs über ihre Länderparteien auf die Abgeordneten im EU-Parlament zur Abstimmung einwirken. Meist wird ein *europäischer Kuhhandel* daraus, so wie beim letzten Mal im Jahr 2019. Die zur Wahl gerufenen EU-Bürger können nur mit versteckter Wut und einem offenem Mund zusehen, wie Ihre Wahlstimme zur Farce verkommt.

D.) EU-Verfassung und Verfassungsorgane

Es gab und gibt immer wieder den Versuch zur Erstellung einer Europäischen Verfassung, aber die Versuche zur Implementierung sind (fast) immer an den Nationalstaaten gescheitert. Die Gesetze und Rechte, auf deren die EU basiert, sind meist Kompromisspapiere, sodass die EU heute im Grunde ein Haufen loser Nationalstaaten ist. Die EU von heute kommt mir manchmal vor wie eine Fronleichnamsprozession in einer kleinen Kirchengemeinde: Vorne trägt der Kommissionspräsident die *Monstranz der EU* und hinterdrein läuft die Schar der mehr oder weniger gläubigen Sünder, die schon an den Mittagsbraten denken und sich über das *Brimborium* lustig machen, weil sie wenig vom Glauben halten, aber dabei sein wollen, um nicht eventuelle Vorteile der Kirchengemeinde zu verpassen.

Eine (mögliche) reformierte EU

Meines Erachtens müssen mehrere Elemente dieses EU-„Labyrinths" einfach gestrichen werden, dann würde erstens die momentane EU besser funktionieren und zweitens wir Bürger direkt unsere Abgeordneten zum EU-Parlament wählen und bestimmen dürfen. Auf diese Art würden wir EU-Bürger direkt in den EU-Prozess eingebunden und würden uns auch viel stärker daran beteiligen.

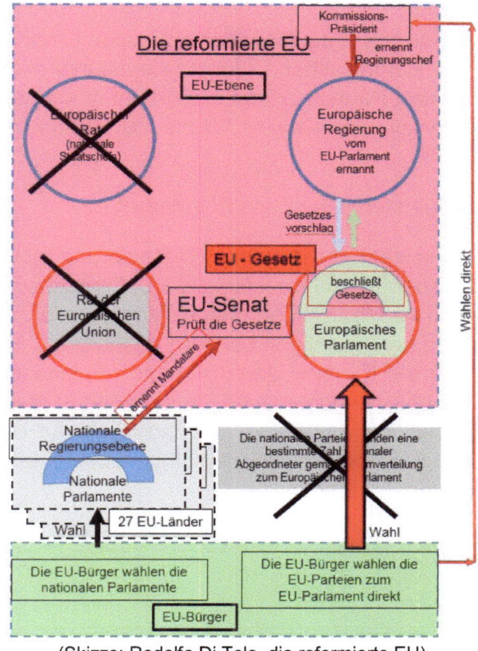

(Skizze: Rodolfo Di Telo, die reformierte EU)

In einer reformierten EU wird das EU-Parlament direkt von uns EU-Bürgern gewählt. Das EU-Parlament übernimmt die Legislative komplett, die Gesetze werden durch einen EU-Senat geprüft und freigegeben. Eventuelle tiefere Prüfungen der Gesetze können die Länder dann ja auf eigene Kosten durchführen. Das Einstimmigkeitsprinzip (Blockade!) muss in jedem Fall weg.

Der Kommissionspräsident bekommt die Rolle des EU-Präsidenten und ernennt den jeweiligen Regierungschef, der wiederum die Minister vorschlägt. Der Kommissionspräsident wird auch direkt von den EU-Bürgern gewählt. Das EU-Parlament bestimmt die EU-Regierung (i.e. die Kommission), die Nationen bleiben außen vor.

Drei national geprägte Gruppierungen der Europäische Rat, der Rat der Europäischen Union sowie die indirekte Wahl mittels nationalen Parteien zum EU-Parlament könnten komplett wegfallen. Welch ein Gewinn für die EU und für uns europäische Bürger!

E.)   EU-Staatsfernsehen und EU-Medien

So wie es keine eigenständige EU-Regierung gibt, so gibt es auch keinen öffentlich-rechtlichen EU-Fernsehsender sowie supranationale Medien (Zeitungen, Magazine etc). Sämtliche Medien sind den jeweiligen Ländern zugeordnet. Alle Informationen über die EU sind daher ebenso Auslandsberichte wie andere globale Berichte auch. Informationen aus beispielsweise China oder den USA sind praktisch auf der gleichen Ebene wie EU-Dokumentationen. Inlandsberichte gibt es nur auf der nationalen Ebene.

<u>Ursprüngliche Staatenbünde</u>

Die alten Reichssysteme, die auf eine Art supranationalen europäischen Hegemonialstaat hinsteuerten, möchte ich hier der Vollständigkeit halber kurz anreißen, weil sie mit unseren modernen supranationalen Staatensystemen nicht vergleichbar wären. Sämtliche Europäisierungsbewegungen gingen nämlich von herrschenden Individuen (Königen, Kaisern) oder Herrscherdynastien aus, und nicht von demokratisch gewählten Regierungen; *die Untertanen* (die stimmlose Bevölkerung) hatten bei diesen Machtspielen keine Bedeutung.

Spätestens jetzt werden die ersten Historiker und historisch erfahrenen Politiker die Hand zum Einspruch erheben mit dem, zugegeben richtigen, Einwand, dass in der Vergangenheit doch die eine oder andere demokratische Übung der Bevölkerung gemacht wurde.

<u>Das antike Griechenland</u>

Es wird allgemein akzeptiert, dass im antiken Griechenland so etwas wie Demokratie ausgeübt wurde. Das Wort „Demokratie" (Volksherrschaft) stammt nicht umsonst aus dem Griechischen. Die Griechen waren gewissermaßen die *Erfinder* der Demokratie. Bekannt dafür ist wohl Perikles im 5. Jahrhundert vor Christus, der als einer der ersten so etwas wie eine funktionierende Demokratie im Stadtstaat Athen errichtete.

Das damalige Griechenland bestand im Wesentlichen aus einzelnen Stadtstaaten. Die bekanntesten sind Athen in Attika und Sparta auf dem Peloponnes, die sich in Friedenszeiten untereinander bekriegten. Sie konnten sich nur dann einigen, wenn sie von externen Mächten bedroht worden sind, wie zum Beispiel von den Persern. Teile ihrer Kämpfe untereinander führten sie friedlich gegeneinander aus, wie zum Beispiel die Wettbewerbe in der Stadt Olympia auf dem Peloponnes. Diese sportlichen Wettbewerbe waren im Wesentlichen Kampfübungen, in der Teilnehmer der verschiedenen Stadtstaaten gegeneinander antraten. Die heutigen Olympischen Spiele leiten sich von diesen antiken Spielen ab.

Das antike Griechenland erinnert mich daher an unser heutiges Europa. Jeder Stadtstaat achtete eifersüchtig auf seine (stadtstaatlichen) Rechte und nur bei Gefahr im Verzug fanden sie zusammen. Ansonsten wetteiferten sie mehr oder minder stark gegeneinander, oft auch mit kriegerischen Mitteln.

Dieses *Spiel* trieben die Griechen solange, bis sie einen externen Gegner fanden, Phillip von Mazedonien, Vater des berühmten Feldherrn Alexanders des Großen (den jeder gemäß des Sprüchleins kennt, „Drei drei drei, bei Issos große Keilerei!"), der die *(Kriegs)Spielchen* im Jahr 338 vor Christus *ausspielte*. Die griechischen Stadtstaaten wurden danach in das makedonische Reich *im korinthischen Bund* integriert und waren fortan *hegemonial eingebunden*. Das war's mit dem freien Griechenland.

Die Griechen waren unfrei bis in das 19. Jahrhundert. In den 1830er Jahren konnten sie sich mit Unterstützung europäischer Länder vom Osmanischen Reich loslösen. Heute ist Griechenland ein kleiner und relativ unbedeutender Nationalstaat, Teil der EU und mit riesengroßen Schuldenbergen. Das Land selbst wird von teils korrupten Politikern regiert. Vor nicht allzu langer Zeit war Griechenland noch von einer Staatspleite bedroht. Griechenland ist heute nur noch ein Schatten seiner ehemaligen Eleganz und kulturellen Größe.

Dabei hat Griechenland traumhafte antike Kunstschätze. Leider sind die meisten davon in europäischen Museen zu bewundern, wie zum Beispiel die Venus von Milo (das antike Schönheitsideal schlechthin). Sie ist heute im Louvre zu bestaunen, nicht weit entfernt von der Mona Lisa in einem separaten Raum.

Auch die Originalfriese der Akropolis sind nicht in Athen, sondern in London im British Museum ausgestellt. Und zuletzt: der berühmte Pergamon-Altar aus dem zweiten vorchristlichen Jahrhundert befindet sich in Berlin.

Auch das sollte uns Europäern eine Lehre sein! *Von der Geschichte lernen*, heißt auch sich mit der Geschichte zu befassen und daraus Schlüsse zu ziehen. Ich möchte nicht, dass unser schöner europäischer Kontinent so endet wie das antike Griechenland und aufgeht in anderen Mächten oder Staaten.

Ich möchte nicht, dass spätere Völker unsere Kulturstätten ausrauben und plündern wie viele Nationen im 18., 19. oder im 20. Jahrhundert es mit Griechenland gemacht haben.

Das Römische Reich

Über das Römische Reich hat jeder in der Schule gelernt, jeder kennt Caesar, seine Geschichten und seine Liebschaft mit der ägyptischen Pharaonin Kleopatra. Die bekannteste Verfilmung ist die mit Elisabeth Taylor und Richard Burton. Jeder hat von Kaiser Augustus gehört, weil er in der Bibel erwähnt wird und zur Zeit von Jesu Geburt römischer Kaiser war.

Eine weitere berühmte Persönlichkeit ist der berüchtigte Kaiser Nero, der seine Hauptstadt Rom niederbrennen ließ und die Tat den damaligen Christen *in die Schuhe schob*. Auch ließ er mit Brachialmethoden die Frühchristen verfolgen.

Dabei hat Rom nicht erst mit Caesar und Augustus begonnen, sondern bereits früher. Wie ich in der Schule lernte: „Sieben fünf drei (753 vor Christus) schlüpfte Rom aus dem Ei!" Das römische Reich entwickelte sich einige Jahrhunderte lang parallel zum griechischen Staatswesen.

Warum aber verleibte sich Rom später Griechenland ein und nicht umgekehrt? Rom entwickelte sich aus den ehemaligen Kolonien Griechenlands im heutigen Italien. Nach und nach aber, während sich die griechischen Stadtstaaten gegenseitig bekämpften und schließlich von den Makedonen vereinnahmt wurden, verselbstständigten sich die griechischen Kolonien in Italien und bauten ihre eigene Macht auf. Sie taten dies ohne stadtstaatliche Streitereien und sinnlose Kämpfe.

Rom baute konsequent und vor allem einheitlich seinen Machtbereich auf dem *italienischen Stiefel* auf und aus. Wobei auch Rom verschiedene politische Systeme *durchlebte*, von diktatorischen bis zu im weitesten Sinne demokratischen Systemen und wieder zurück zu blutrünstigen Caesaren.

Die Stärke Roms beruhte auf einer ausgesprochen strukturierten Organisation des gesamten römischen Reichs. Ausgehend von der Stadt Rom führten gut ausgebaute Straßen in alle Richtungen des Reiches, ausgeklügelte Meldeposten sorgten für einen zügigen Nachrichtentransport, sodass die Machtzentrale

in Rom rasch und effizient die gefürchtete Streitmacht im Reich
hin- und herschieben konnte. Viele Stadtgründungen sorgten
für ein bestens verzweigtes Handelsnetz, auch weit über die
eigentlichen Grenzen hinaus. Rom war viele Jahrhunderte lang
eine wirkliche Macht.

Das Römische Reich hatte auch eine Rechtsordnung; viele
Rechtsordnungen in europäischen Ländern beruhen heute
noch auf dem römischen Recht. Dies zeigt, wie modern das
römische Recht damals schon war. Das Rechtssystem Roms
trug sicherlich auch zur langen Lebenszeit des Reiches bei.
Dass man rückblickend das Mittelalter als ein dunkles Zeitalter
bezeichnete, hat sicherlich auch mit den rückschrittlichen
Rechtssystemen dieser Epoche zu tun.

Die Römer waren hervorragende Organisatoren, aber relativ
lausige Kulturmenschen, sie waren exzellente Krieger, aber
pragmatisch in kreativen und religiösen Bereichen. Deshalb
hatten sie wenig Mühe die Kultur und Geisteshaltung der Griechen inklusive deren Gottheiten ganz schlicht zu kopieren und
in ihr kulturelles sowie religiöses Leben einzubauen.

Beispielsweise wurde Zeus zu Jupiter, Eros zu Amor und Arte-
mis zu Diana. Auch die Römer selbst leiteten sich von den Griechen ab. So soll sogar Aeneas, der von Troja geflüchtet war,
am Tiber gestrandet und der *Urvater Roms* geworden sein. Das
sind alles Mythen und Legenden, es zeigt aber meines Erachtens sehr deutlich die Nähe der römischen Geisteshaltung zu
den Griechen. Die Römer sahen sich in gewisser Weise als die
legitimen Nachfolger der griechischen Philosophie und Kultur.

Liebe Leserin und lieber Leser, Sie werden sich fragen, warum
ich Ihnen von Griechen und Römern erzähle und was das mit
dem Thema des Buches zu tun hat. Für mich sind diese beiden
antiken Länder ein gutes Beispiel, *um aus der Geschichte zu
lernen.*

Es gibt für mich eine geschichtliche Analogie zwischen Griechenland und Rom sowie Europa und den USA heute.

So wie sich Rom aus den griechischen Kolonien entwickelt haben soll, so haben sich auch die USA weitgehend aus Europa heraus entwickelt.

Die erste Analogie:

Es waren die vielen Millionen Europäer, die nach Amerika auswanderten und dort den Kontinent in Besitz nahmen mit einer mehr oder weniger aggressiven Form *der Verdrängung* der Urbevölkerung. Joe Biden hat zum ersten Mal einen Vertreter der indigenen Urbevölkerung mit in sein Kabinett genommen. Das ist so außergewöhnlich, dass das durch alle Medien gegangen ist. Die heutige US-Bevölkerung ist also in hoher Anzahl *Fleisch vom Fleische Europas.*

Die zweite Analogie:

Über einige Jahrhunderte haben die US-Amerikaner die kulturellen Entwicklungen des alten Kontinents kopiert, sogar die Sprache ist europäisch. Heute noch pflegen viele US-Bürger und -Bürgerinnen ihre Kontakte zu ihrer europäischen Verwandtschaft. Im Kapitel 13 in diesem Buch können Sie mehr dazu lesen.

Die dritte Analogie:

Während sich die Europäer permanent *in der Wolle haben*, wie einst die Griechen vor mehr als zweitausend Jahren, sich nationalstaatliche Reibereien leisteten und immer noch leisten, haben sich die USA frühzeitig eine einheitliche suprastaatliche Verfassung verpasst und sind gewissermaßen ein monolithischer Block, sowohl politisch, aber vor allem sicherheits- und militärstrategisch. Nicht zusammen, und schon gar nicht als einzelne Länder, kann Europa militärisch den USA *das Wasser reichen.*

Während sich das heutige Europa zerfleddert wie die antiken griechischen Stadtstaaten, bauen die USA pragmatisch ihre sicherheitstechnische Vormachtstellung aus.

Ich habe keine Angst vor einer US-amerikanischen Invasion in Europa, so kann ich mir aber vorstellen, dass sich nähere Mächte wie zum Beispiel Putins Russland dauerhaft in unsere innereuropäischen Angelegenheiten einmischen und unsere vorhandene lose gebundene EU versuchen werden zu zerlegen. Die tagtäglichen IT-Angriffe, die Trolle, fast ausschließlich aus dem Umfeld des *lupenreinen Demokraten* Putin (so Gerhard Schröder), zeigen, wohin seine Denkrichtung geht und was er mit der EU und Europa vorhat.

Die vierte Analogie:

So wie es in der Antike nicht die Römer waren, die sich die griechischen Stadtstaaten (vorerst) einverleibten, sondern Philipp von Makedonien, so kann es durchaus sein, dass es ein anderes mächtiges Land ist, dass sich das filetierte Europa (zumindest teilweise oder scheibchenweise) einverleibt.

Wenn ich mir die heutigen Entwicklungen in Europa ansehe, dann wird mir *plümerant,* da unsere Politiker nichts gegen diese Entwicklungen tun.

Kaiser Karl V. und seine Vision von einem einheitlichen Reich
in Europa im 16. Jahrhundert

Kaiser Karl V., bekannt als „Kaiser eines Reiches, in dem die
Sonne nicht untergeht", kam im Jahr 1500 auf die Welt und regierte das Heilige Römische Reich ab 1520 für 36 Jahre. Zu
seinem Reich gehörten, basierend auf geschickter habsburgi-
scher Heiratspolitik, die burgundischen Niederlande (grob das
heutige Holland), später Spanien mit sämtlichen spanischen
Kolonien, Süditalien und Österreich. 1520 wurde er zum Kaiser
des „Heiligen Römischen Reichs" gekrönt.

Sein Ziel war eine *universelle Monarchie*, also eine supranationale Regentschaft über praktisch alle damaligen europäischen Nationen inkl. der Kolonien. Aber schon damals war er
im Wettbewerb mit dem französischen König Franz I., der eine
ebensolche supranationale Regentschaft anstrebte. Dies
führte zu vielen teuren und verlustreichen Kriegen zwischen
Frankreich und dem Reich Karls V. Zur Spaltung Europas tru-
gen auch das Vordringen der Osmanen im Osten, als äußere
Kräfte, sowie die oftmalig uneinigen Kurfürsten, Könige und
Herzöge als innere Spaltungskräfte im Reich bei. Die Reforma-
tionsbestrebungen, angestoßen durch Luthers Wirken, sowie
das Machtstreben der Päpste taten ihr Übriges.

Das „universelle, europäische Reich" Kaiser Karls V. im 16.
Jahrhundert war mit seinem Ableben *ausgeträumt*.

Das *Französische Europa* Napoleons, Anfang des 19. Jahrhunderts

Europa blieb das bekannte heterogene Staatengebilde bis zu
Napoleons Zeit am Anfang des 19. Jahrhunderts; auch Napoleon träumte von einem *Französischen Europa* mit ihm als Kaiser. Mit dem „Code Civil" sowie den „Cinq Codes" führte er moderne Rechtsauffassungen auch in seinen eroberten Gebieten
ein und beeinflusste damit maßgeblich die moderne Rechtsauf-
fassung in Europa.

Nach anfänglich großen militärischen Erfolgen bei der Eroberung Europas, verspekulierte er sich an seinem Russlandfeldzug und scheiterte an der Größe und Unübersichtlichkeit des riesigen Landes. Eine zerstörte Armee hinterlassend versuchte er vergeblich sich gegen die wiedererstarkten europäischen Reiche zu stemmen und verlor Reich und Kaisertum. Er verstarb 1821 einsam auf der Insel St. Helena unter der argwöhnischen Aufsicht britischer Soldaten und Offiziere.

Die europäischen Großreiche blieben bekanntermaßen bis zum Ende des ersten Weltkriegs im Jahr 1918 bestehen. Danach zerfielen die Kaiserreiche Deutschland und Österreich in unzählig viele Klein- und Kleinstaaten, das Gegenteil von paneuropäischen Staatenbündnissen war besiegelt.

Europa stand vor einem *staatspolitischen Scherbenhaufen*.

8.0. STAATENBUNDSYSTEME UND DIE SI-CHERHEIT

„Offenbar muß Europa immer erst in den Zustand äußerster Gefahr geraten, ehe es sich entschließt, das zu tun, was notwendig ist, um am Leben zu bleiben."
(Peter Bamm, eigentlich Curt Emmrich, Schiffsarzt, Schriftsteller)

„Wer einen Staat schützen will, muss ihn verteidigungswürdig machen. Die Bürger leben und sterben ungern für ein Fragezeichen."
(André Malraux (1901-76), frz. Politiker)

Wie bereits im vorherigen Kapitel angedeutet, gibt es im Wesentlichen nur zwei unterschiedliche transnationale Regierungssysteme, den Staatenbund und den Bundesstaat.

Des Weiteren habe ich grob erste Anforderungen an supranationale Regierungen skizziert.

<u>Der Staatenbund</u>

Im Staatenbund sind die Legislative und die Exekutive im Wesentlichen in der Hand der Länder/Nationen, die jeweiligen nationalen Regierungen bestimmen die Zukunft der Zusammenarbeit und die Gesetzgebung. Die übergeordnete Ebene hat meist nur eine koordinierende Funktion, aber keine (machtpolitische) Führungsverantwortung im Sinne einer Legislative, besteht also mitnichten aus einer eigenständigen Regierung. Je nach Staatenbund hat die supranationale Ebene nur eine mehr oder weniger gering ausgeprägte Ausführungs-/Umsetzungsverantwortung. Diese Konstellation behält zwangsläufig das nationalstaatliche Denken bei und lässt die einzelnen Länder in ihrer Staateritis verharren.

Schon aus dieser Sichtweise heraus ist die EU von heute ein reiner Staatenbund, manche nennen ihn auch Staaten-(ver)bund, der in seiner Staateritis gefangen ist.

<u>Die aktuelle EU als Staatenbund und ihre Sicherheit</u>

Während ich dieses Buch schreibe, hat der Redakteur Ullrich Fichtner im Spiegel vom 23.01.2021 einen umfangreichen Artikel über die EU mit dem Titel: „Die sanfte Macht" geschrieben. In diesem Artikel lobt er die (wirtschaftliche) Größe der EU und hängt eine machiavellische Frage an die Überschrift: „Ist sie (die EU) das Modell für das 21. Jahrhundert?"

Der ganze Artikel ist eine einzige Lobeshymne an die derzeitige EU. Er beschreibt unter anderem, was die EU für ein großer ökonomischer Markt in der Welt ist. Stimmt! Er fasst zusammen, welche Leistungen die EU für Entwicklungshilfe erbringt. Stimmt! Er erklärt, welchen Einfluss die EU auf globale Regelwerke nimmt. Stimmt alles!

Die aktuelle Europäische Union ist ökonomisch betrachtet ein mächtiger Mitspieler im globalen Umfeld. Aber der Artikel geht, und das ist sicherlich von Herrn Fichtner gewollt, *haarscharf* an der heutigen und zukünftigen Realität vorbei. Hier wird er unscharf in seiner Argumentation, weil er seine eingangs gestellte Frage, die des Modells für das 21. Jahrhundert, sofort selbst mit einem klaren „nein" beantworten müsste.

Das heutige Modell der EU kann kein Modell für das 21. Jahrhundert sein und wird es auch zukünftig nicht sein, weil die heutige EU das 21. Jahrhundert in der jetzigen Form nicht überleben wird. Das weiß auch Ullrich Fichtner, lenkt aber ganz geschickt im Absatz 6 vom Kernproblem der EU ab.

Er beschreibt, dass man zwischen *weicher und harter Macht* unterscheiden muss. Die heutige EU strahlt sicherlich *soft power* also ökonomische Macht aus, es mangelt aber an der *hard power,* also der sicherheitsstrategischen Macht, weil die EU zusammengenommen zwar die Finanzmittel hat, aber durch die bündische Struktur keine Einheitlichkeit kennt.

Wie ist seine Einlassung dazu:

„Der schlichte Befund allein ist nicht gut. Im Moment möchte sich niemand ausmalen, mit den Worten des Historikers Wirsching, was los wäre, wenn irgendwo an einer Außengrenze der EU etwas los wäre, also ein Krieg ausbräche, am Schwarzen Meer oder im Baltikum, im Mittelmeer. Das ist für eine Weltmacht auf Dauer kein Zustand".

Herr Fichtner stellt also selbst fest, dass die jetzige EU keine langfristige Erfolgsgeschichte sein kann, weil die politische Struktur intrinsische Friktionen in sich trägt, an der sie leicht zerbrechen kann und wird.

Umgekehrt wird ein Schuh daraus, wie ein Sprichwort sagt. Mit der Frage, ob die EU das Modell für das 21. Jahrhundert sein kann, führt er geschickt vom eigentlichen langfristigen EU-Problem weg.

Ich möchte anhand dieses Artikels auf einige grundsätzliche Probleme in unserer Medienlandschaft eingehen. Jeder in Deutschland weiß, dass das Magazin der Spiegel auf der (politisch) linken Seite angesiedelt ist. Allerdings versucht das Magazin trotzdem eine gewisse Balance bei seinen Artikeln zu halten, also neutral zu wirken, und trotzdem die linke und manchmal kommunistische Botschaft unterzubringen. So auch diesmal.

Im Spiegel vom 23.01.2021 ist der Hauptartikel ein Bericht über das wachsende China: „Der Siegeszug des Drachen". Da beschreibt der Redakteur Herr Bernhard Zand neutral das Erstarken des heutigen Chinas und schließt mit dem Satz: „China hat erst gewonnen, wenn sich Amerika verloren gibt". China wird solange nicht ruhen, bis es die größtmögliche Macht auf dem Globus ist. Und China wird dafür auch *hard power*, wenn nötig, einsetzen.

Im Anschluss an den China-Artikel kommt der Artikel über die EU: „Die sanfte Macht". Liest man die beiden Artikel nacheinander, dann kommt man zu dem Schluss, dass China wirklich

böse ist, aber man Gott sei Dank in der EU in einer (weitgehend) demokratischen Union lebt, die wir als unser Modell auch
in der Zukunft haben wollen. Und schon sind die Leser abge-
lenkt und verschwenden keinen Gedanken mehr daran, dass
die EU zutiefst *friedensbewegt* ist, aber leider keine Instrumente entwickelt diesen Friedensprozess zu erhalten. Von
mangelnder *hard power* in der EU wird gar nicht mehr gesprochen. Herr Fichtner hat uns mit seiner rhetorischen Frage *wieder hinters Licht geführt*.

Und schon haben unsere linkskommunistischen Politschergen
wieder zugeschlagen und einen Punktsieg errungen. Die Trolle
Moskaus und Pekings können wieder triumphieren. Speziell
das *friedensbewegte* Deutschland hat wieder einen *Schlum-
mertrunk* erhalten und kann *sanft weiterdösen*.

Leider sind Deutschland und die heutige EU in der jetzigen
Form kein Modell für das 21. Jahrhundert. Sie sind *eine sanfte
und gut genährte Schafsherde*, auf das die *hungrigen Wölfe mit
scharfen Zähnen* schon lauern, um sie zu passender Gelegenheit fressen zu können. Sie sind zutiefst *friedensbewegt*, aber
hoffnungslos wehrlos, sobald der *US-Schäfer sich zusammen
mit seinen Schäferhunden* verabschieden wird.

Die EU ist im Bereich der Sicherheit und Verteidigung ein
Zwerg gegenüber aggressiven militärstrategischen Konkurren-
ten wie Russland, China oder teilweise auch den USA. Donald
Trump war nur der lautstarke und polternde Weckruf einer US-
internen politischen Entwicklung, die bei Obama begonnen hat,
und die sich bei Joe Biden fortsetzen wird. Joe Biden wird die
Sicherheitspolitik ähnlich moderat verpacken wie einst ein
Obama auch. Die USA werden schlicht mehr europäische Ei-
genständigkeit und Selbstverantwortung abverlangen, weil sie
auf Dauer nicht die Sicherheit Europas gewährleisten können
und wollen.

Die USA verlangen von uns, dass wir Europäer nicht länger die
gemütlichen Trittbrettfahrer bleiben, die unter dem Schutz der
USA unserem *Krämerdenken* nachhängen können und

Scheckbuchdiplomatie betreiben, während die US-Soldaten ihren Kopf für uns hinhalten sollen. Die USA werden sich verständlicherweise sukzessive militärstrategisch zurückziehen und ein dementsprechendes Sicherheitsvakuum hinterlassen.

Joe Biden wird wahrscheinlich nicht *Hals über Kopf* Europa aufgeben und verlassen, er wird sicherlich *nicht sofort* alle Soldaten abziehen, aber er wird uns dringlich mahnend dazu auffordern Hilfe zur Selbsthilfe zu entwickeln. Wir können und wir dürfen uns also nicht längerfristig verlassen, dass die USA *auf alle Ewigkeit* unser Schutzpatron sein und bleiben werden. Und das führt für uns Europäer zu einem tiefgreifenden Problem, das es zu lösen gilt.

Meines Erachtens gibt es dazu eine wesentliche, in unserer Menschheit liegende, Grundkonstante, die auch unsere *friedliebenden Gutmenschen* nicht werden wegdeuten können, wenn sie lauthals ihren Friedenschor erschallen lassen:

(Wir wollen) „Schwerter zu Pflugscharen" (umschmieden)

oder

„Stell Dir vor es ist Krieg und keiner geht hin"

Ich bin mit diesen Parolen erwachsen geworden. Ich fand sie spannend und teilweise sogar richtig, weil auch ich keinen Krieg wollte. Ich wollte *nie Krieg spielen* und schon gar keinen erleben. Auch ich war und bin immer noch der Meinung, dass es in Europa keinen Krieg mehr geben soll und darf. Auch ich spürte diesen Hauch von Erleichterung, als 1989 der Eiserne Vorhang in sich zusammenfiel und nur noch ein Schatten seiner selbst war. Auch ich jubelte, als das *Reich des Bösen* (die Sowjetunion) implodierte wie in Kapitel 3 beschrieben und die Illusion eines ewig währenden Friedens lockte. Und wir tatsächlich mittels diverser Friedensabkommen zwischen Russland und den USA weniger Atomwaffen hatten. Welch ein Fortschritt in der Geschichte der Menschheit!

Aber was machen wir, wenn *keiner zum Krieg hingeht*, aber umgekehrt *der Krieg uns wieder näher kommt*? Das ist geschehen in der Annexion der Krim durch Putin im Jahr 2014!

Was machen wir, wenn wir Menschen neue und sogar noch effizientere Kriegswaffen entwickeln, die die alten Verträge aushebeln oder besser unterlaufen? Was machen wir, wenn der Krieg selbst uns Europäern schneller näher kommt als uns lieb ist? Putin nutzte (brutal) lediglich das politische Machtvakuum in der Ukraine und in der EU aus. Er *scherte sich keinen Deut um die ölzweigtragenden Gutmenschen* in Europa, sondern testete lediglich wie weit er gehen konnte. Und er wird weitergehen, da sollen wir uns nichts vormachen. Wir alle müssen aufwachen von *unseren Friedensträumen*, bevor diese Träume *zu Alpträumen werden*.

<u>Es gibt keine *Gutmenschen*!</u>

Es hat in der ganzen Geschichte der Menschheit meines Wissens niemals ein Machtvakuum gegeben und das wird es auch in Zukunft nicht geben, solange es unseren Homo Sapiens geben wird. Der heutige Homo Sapiens hat sich nicht als intrinsischer *Gutmensch* aus den verschiedenen Gattungen der Vormenschen weiterentwickelt, sondern ist durch eine meist brutale *Verdrängungsevolution* entstanden; Das Wort Verdrängung ist für diesen evolutionären Vorgang sicherlich sehr wohlwollend ausgedrückt. Der Homo Sapiens hat seine schnell gewachsenen Gehirnzellen dazu genutzt andere konkurrierende Spezies aus dem Weg zu räumen. Wer mehr darüber lernen möchte, dem empfehle ich gerne das Buch von Charles Darwin über die Evolutionstheorie „On the Origin of Species" (Über die Entstehung der Arten). Charles Darwin war selbst Theologe.

Liebe Europäer und Europäerinnen lasst Euch einen Schauder über Euren Rücken laufen bei der Vorstellung, dass Euch das auch passieren könnte, einfach *verdrängt* zu werden!

In der Geschichte ist es vielen so ergangen, den Griechen, den Karthagern, den Persern und vor nicht allzu langer Zeit den Krimbewohnern. Und gerade können wir *live erleben*, wie die Pekinger Regierung die Hongkonger Freiheit *verdrängt*.

Das, was Charles Darwin schon vor ca. 150 Jahren beschrieben hat, gilt auch heute noch; unser heutiger Homo Sapiens ist immer noch der gleiche: der brutale macht- und geltungssüchtige Homo Sapiens wie zu Charles Darwins Zeiten vor 150 Jahren, der sich in der „Wimpernschlag-kurzen" Phase mitnichten auch nur ein bisschen verändert hat.

Das perfide daran ist, dass viele der *Gutmenschen* von heute, meist von der linkssozialistisch-kommunistischen Denkrichtung, uns diese fundamentale Erkenntnis versuchen auszureden. Alle diese echten und vermeintlichen *Gutmenschen* wollen uns weismachen, dass der Mensch grundsätzlich „ein guter Mensch" sei, und nur durch Erziehung und Bildung „verbildet"

wurde, er also durch Erziehung und Gesellschaft „aggressiv"
wurde; sie wollen uns weismachen, dass die heutige Welt friedlicher sei als vor 100 oder 150 Jahren und dass daher die großen und mächtigen Staaten China, Russland oder die USA uns
Europäern erlauben in aller Ruhe unseren Geschäften nachzu-
gehen. Sie wollen uns weismachen, dass ein Friedensölzweig
in unserem Mund ausreicht, um die außereuropäischen
Mächte von Übernahmegelüsten absehen zu lassen. Sie wollen uns hinters Licht führen mit Sprüchen wie „Putin ist ein lu-
penreiner Demokrat" (Gerhard Schröder, Ex-Bundeskanzler
von Deutschland, 2004), welcher als Begründung für seine *demokratische Haltung* ganz schlicht die Krim überfallen und ge-
raubt hat. Oder der chinesische Präsident Xi Jinping, der von
„One Belt, One Road" spricht, also die (kommerzielle) Integration von China, Asien und Europa und dabei mit dem freien
Hongkong, trotz schriftlicher Zusagen, umgeht, als wäre es
eine chinesische Kolonie.

Unsere vermeintlichen *Gutmenschen* sind oft die fünfte Kolonne Moskaus oder Pekings, sie sind die vorgeschobenen
Trolle Russlands und Chinas. Sie träufeln uns *Sand in die Augen* und trüben unseren Blick, sie sind die Rattenfänger, die
uns in die Irre führen wollen, wohlwissend dass sie uns allen
damit schaden. Sie wissen, dass ihnen nur ein schwaches und
nationalstaatlich geteiltes Europa hilft, eine große Sicherheits-
lücke aufzumachen und ein Machtvakuum zu erzeugen, in das
die außereuropäischen Mächte hineinstoßen können. Die eins-
tige römische Politik, „Divide et Impera" ist immer noch so aktuell wie vor zweitausend Jahren! Diese Politik hätte dann wieder mal gesiegt, zu unseren europäischen Lasten. Gerade
eben hat Frau Wissler die Parteiführung bei den Linken übernommen; sie war bis vor Kurzem im brutal linkskommunistischen Club Marx21 federführendes Mitglied. Näher kann man
Putins Russland wirklich nicht stehen.

Gleichzeitig hat sich England von Europa verabschiedet. Die
Arroganz der englischen Eliten hat triumphiert! Diese Eliten
sind wohl die englischen *Gutmenschen*, weil sie nur das Gute

für ihr Volk wollen. Ich weiß nicht, ob ich traurig oder glücklich sein soll.

In jedem Fall bin ich persönlich entsetzt über den Weg, den die Engländer gegangen sind und noch gehen werden, habe ich doch persönlich als junger Mensch in den 60iger Jahren des letzten Jahrzehnts die großzügige Gastfreundschaft in einer englischen Familie genießen dürfen. Auch das eine oder andere Kind aus der Familie besuchte uns später noch im Alpenland. Später machten ein paar Freunde und ich nochmals einen Besuch bei einer Familie in der Nähe von London und wurden sehr herzlich aufgenommen.

2016, die Brexit-Wahl war wie ein böser Alptraum für mich, ich konnte mir das Ergebnis gar nicht vorstellen. Und dann das jahrelange politische Gezerre und *krämerseelenhafte* Gefeilsche um Besitzstände und Länder und all die unwürdigen Vertragsspielchen, dieses Zocken wie in einer schmuddeligen und dunklen Spelunke auf dem Niveau von Hütchenspielern. Sukzessive verlor ich meinen positiven Eindruck von den Engländern, nein falsch, von den englischen Eliten!

Einerseits bin ich froh, dass die EU diese „Cherry-Pickenden" und Verträge brechenden Hütchenspieler los ist, aber andererseits tut mir die englische Bevölkerung nach wir vor sehr leid. Sie wurde so richtig von ihren eigenen Eliten über den Tisch gezogen. Dazu existiert ein sehr weiser Spruch: „Alle Kälber wählen ihre Metzger selber". Die englische Bevölkerung wurde von den eigenen Eliten im Zusammenspiel mit dem Gros der englischen Medien über Jahre hinweg weichgekocht und regelrecht mittels offensichtlicher Falschmeldungen und Lügen vorgeführt. Eliten und Medien schoben sich die Falschmeldungen zur EU über Jahre „ping-pong-artig" hin und her. Die englische (freie?) Presse sollte sich dafür in Grund und Boden schämen! Sie ist in meinen Augen nicht besser als die russische Prawda („Wahrheit"?!). Für diesen Bärendienst an der englischen Bevölkerung werden die englischen Medien einmal den russischen Orden „Held der Russischen Föderation" von Putin verliehen bekommen, da bin ich überzeugt.

Zusätzlich wurden die Schotten wie auch die Nordiren bei diesem unwürdigen Spiel in die Mithaftung genommen. Aber das könnte den englischen Eliten noch auf die Füße fallen, wenn sich Nordirland und Schottland von den Hütchen spielenden englischen Eliten *losrosten.* Dann bliebe ein *Kleinbritannien* übrig. In jedem Fall sollte auch die EU vor diesen Vertragsbrechern in Zukunft gewarnt sein. Diese Eliten bestätigen meinen Eindruck immer mehr, sie sind wohl die Nachfahren der seeräuberischen Piraten, die mittels eines Kapitänspatents Elisabeths I. Schiffe anderer Nationen, bevorzugt der spanischen, kaperten und dann einen Teil der Beute an die englische Krone ablieferten. British Empire per Raubzug sozusagen.

Zu allem Überfluss erinnert sich der Vater von Boris Johnson, Stanley Johnson, urplötzlich seiner französischen Herkunft und möchte nach Jahrzehnten der Untätigkeit einen französischen Pass beantragen. Was hat der gute Vater all die Jahrzehnte gemacht und gesagt, während derer sein Sohn unsäglich schlimme Falschberichte über die EU geschrieben und verbreitet hat. Wie viele Gegenartikel und Bücher hat er geschrieben und die englische und europäische Bevölkerung vor seinem Sohn gewarnt? Wie oft hat er seinen *Politclown* für diese Unverschämtheiten *in den Senkel gestellt*? So unverschämt sind sie, die Eliten, *Krämerseelen* und Hütchenspieler auf dem ganzen Kontinent. Zoff und Stunk anrichten und dann sich aus dem Staub machen.

Quo usque tandem abutere, Britannia, patientia nostra?

Es ist genau das, was die außereuropäischen Mächte erreichen wollen; sie wollen uns Europäer *auseinanderdividieren*, sie wollen, dass wir uns gegenseitig politisch und sicherheitsmäßig lahmlegen. Leider zeigt das Beispiel England, dass auch die inneren europäische Kräfte dazu beitragen, dass die EU sich selbst schwächt.

Wir Europäer dürfen uns das nicht gefallen lassen, wir müssen uns gemeinsam gegen diese Entwicklung wehren! Wir müssen unser geschichtsträchtiges Europa wieder aufbauen, wir müssen unser in Kapitel 4 beschriebenes und ramponiertes Europäisches Schloss renovieren und sicherheitstechnisch wieder auf den neusten Stand bringen.

Das wird meines Erachtens nur ein europäischer Bundesstaat, die Vereinigen Staaten von Europa (VSE) leisten können. Das ist das Modell für das 21.Jahrhundert und nicht Fichtners „sanfte Macht".

Der Bundesstaat

Im Bundesstaat sind wesentliche Elemente der Legislative und der Exekutive auf einer supranationalen Regierungsebene angesiedelt. Auf die Judikative, also die Gerichtsbarkeit möchte ich hier nicht näher eingehen, da ich davon ausgehe, dass die Judikative grundsätzlich als unabhängig angesehen wird.

Die Länder (Teilstaaten) haben Teile ihrer Macht zugunsten einer übergeordneten Führungsebene abgegeben. Diese Ebene erstellt die wesentlichen Gesetze für alle Länder und hat in der Regel die Macht der Politiken inne wie Haushaltsführung, Außen- und Innenverhältnis, Sicherheit/Verteidigung etc. Die Teilstaaten bilden einen gemeinsamen Bund mit einem klar definierten Innen- und Außenverhältnis zu anderen Staaten oder Ländern.

Da die supranationale Ebene für alle Mitgliedsstaaten im Außenverhältnis spricht und auch die gemeinsame Sicherheitspolitik innehat, hat die jeweilige Regierung eine entsprechende Macht und Außenwirkung gegenüber anderen Ländern. Sie kann viel kraftvoller und mächtiger verhandeln, als es die einzelnen Teilstaaten je könnten.

Ein eindrucksvolles Beispiel für einen großartigen Bundesstaat sind die Vereinigten Staaten von Amerika (USA). Allein durch ihre unbestrittene Wirtschaftskraft sowie ihre außergewöhnliche Stärke in der inneren und äußeren Sicherheit können die USA vielen anderen Ländern und Mächten Achtung abverlangen.

Aus diesem Grund wäre ein europäischer Bundesstaat anzustreben, die Vereinigten Staaten von Europa (VSE), als ein mächtiger und gegenüber anderen Ländern starker Bundesstaat.

Ein ausbalanciertes Gleichgewicht von Bundes- und Länderkompetenz kann die Sicherheit gewährleisten, sodass die große Macht, die in einer supranationalen Bundesregierung gebündelt ist, nicht missbraucht werden kann. Dazu braucht es verschiedener Instrumente wie zum Beispiel eine Verfassung als Grundlage jedes politischen Handelns. Es existieren mittlerweile so viele Beispiele von demokratisch legitimierten Staatssystemen mit Verfassungen und Regierungsformen sowie Aufteilungen der Bundes- und Länderkompetenzen, dass es meines Erachtens nur einer Handvoll exzellenter Europarechtler braucht, um solch ein demokratisches Basisdokument zu erstellen. In diesem Fall ist die Frage des „wie" weniger kritisch als die Frage des „ob". Wollen wir als Europäer einen supranationalen Bundesstaat, oder wollen wir in nicht? Sind wir bereit nationale Macht zugunsten supranationaler Macht umzuverteilen?

Ich frage Sie, liebe Europäerinnen und Europäer, sind Sie bereit das Gespenst der Vereinigten Staaten von Europa wahr werden zu lassen? Können Sie sich vorstellen in einem Land zu wohnen, in dem es gar keine Grenzen mehr gibt, zum Beispiel von Gibraltar in Südspanien bis nach Flensburg in Norddeutschland und von Brest in der Bretagne im Westen bis zum Neusiedlersee im Osten?

Haben Sie eine Idee wie sich Gänsehaut anfühlt, wenn Sportler der Vereinigten Staaten von Europa während der Olympischen Spiele eine Medaille nach der anderen abräumen, weil die europäischen Sportler als ein Team während der Spiele antreten? Können Sie sich den Jubel vorstellen, wenn eine Fußballmannschaft der Vereinigten Staaten von Europa bei den Fußballweltmeisterschaften antritt und immer vorne dabei ist, weil wir die besten Spieler der Welt in unseren Reihen haben? Kennen Sie das Gefühl, wenn Sie in die Welt hinaustreten und Ihnen Achtung und Respekt entgegengebracht wird, weil Sie aus einem Land kommen, das geachtet und respektiert wird?

Wir werden keinen Deut Unterschiedlichkeit in unserem täglichen Leben spüren. Was wir allerdings spüren werden, ist, dass die Achtung in der Welt gegenüber uns zunehmen wird. Sie werden spüren, dass wir immer weniger zur globalen Lachnummer degradiert werden. Sie werden miterleben, dass unsere kakophonen Politiker mehr und mehr verstummen werden. Und sie werden erleben, dass links-kommunistische Journalisten ihre Stifte einpacken werden, weil sie unsere VSE nicht mehr *auseinanderschreiben* können.

Innerhalb der VSE spricht eine Regierung für alle; die VSE erhält eine, für eine bestimmte Legislaturperiode, von uns gewählte VSE-Regierung, die in unserem Namen Gesetze einbringt und Entscheidungen trifft.

Für uns EU-Bürger wird sich nichts änders, wenn wir die VSE-Regierung bzw. die VSE-Parteien direkt wählen dürfen, weil wir dann einen direkten Einfluss auf die supranationale Regierung haben. Es bleibt alles wie jetzt auch, nur auf eine Ebene höher.

<u>Rechtsnationale Strömungen in der VSE</u>

Für diese Gruppierungen würde sich aber viel verändern, weil die VSE *der natürliche Feind der nationalen Nazis* wären. Die VSE wären quasi der Gegenentwurf zu den extrem nationalen Kräften. Nationale Hetzer wie eine Frau Le Pen oder ein Herr Philipot in Frankreich und die Herren Gauland, Höcke sowie Kalbitz in Deutschland und eine Frau Meloni und ein Herr Salvini in Italien wären plötzlich eine kleine Minderheit in den supranationalen VSE. Diese nationalen Gruppierungen sind nämlich unter sich *spinnefeind*, weil für sie *das Nationale* die Rolle spielt, aber keine supranationale. Sie wären *marginalisiert* sozusagen.

Auch da wäre also für die Europäischen Bürgerinnen und Bürger viel gewonnen.

Die Vereinigten Staaten von Europa (VSE) und die Sicherheit

Die beste Sicherheitsgarantie, die Europa sich selbst geben kann, sind die Vereinigten Staaten von Europa (VSE). Ein Bundesstaat, der die wirtschaftliche Stärke innerhalb Europas mit der politischen Einheit verbindet. So kann die gewählte Regierung im Rahmen der Gesetze einen Haushalt festlegen und mit den jeweiligen Ressorts die jährlichen Budgets abstimmen.

Da der Haushalt der VSE entschieden größer ist als der eines einzelnen Landes, ist auch der Budgetrahmen für Aufgaben zur europäischen Sicherheit um vieles höher. Vor allem aber kann sich kein Land um die Kosten der Eigensicherheit drücken, wie es jetzt in so manchem europäischen Land passiert; die einzelnen Länder können nicht mehr Trittbrettfahrer spielen auf Kosten der anderen. Für die einzelnen Nationen sind die Kosten für Verteidigung kein Thema mehr, die Entscheidung darüber sind sie los.

Auch hier gilt wieder, die Summe ist mehr als ihre Einzelteile. Da das VSE-Verteidigungsbudget aus dem supranationalen Haushalt bereitgestellt wird, kann nicht jedes „Natiönchen" um den Verteidigungsetat herumjonglieren. Es muss nicht jedes Mal eine immer wiederkehrende Diskussion über den Etat beginnen. Deswegen bin ich mir sicher, dass das Verteidigungsbudget reichen wird unsere europäische Wachmannschaft mit den nötigen Verteidigungsinstrumenten auszustatten. Nötige Forschungs- und Entwicklungsgelder müssen nicht immer neu zwischen den Nationen verhandelt werden, das entscheidet die jeweilige VSE-Regierung.

Rüstungsaufträge können beschleunigt abgearbeitet werden, weil nur noch eine Beschaffungsinstanz über Ankauf oder Ablehnung entscheidet und nicht mehr 5, 10 oder alle 27 Beschaffungsämter der einzelnen EU-Länder.

Auch in der NATO werden die VSE geachtet werden, weil die VSE ihre Verteidigungsverpflichtungen voll und ganz erfüllen werden, Hand in Hand mit den USA. Auch außerhalb der NATO werden die VSE zusehends gehört, sehen doch die außereuropäischen Länder, dass sie nicht mehr an den einzelnen europäischen Ländern andocken können, um sie gegeneinander auszuspielen

Liebe Europäerinnen und Europäer, es fällt Ihnen sicher auf, dass ich Sie direkt anspreche und unsere nationalen Politiker sowie viele unserer Medienjournalisten außen vor lasse. Das hat einen Grund: Unsere aktuellen Politiker und Journalisten, sämtliche auf der nationalstaatlichen Ebene, haben ihre Zeit in den letzten 30 Jahren nicht genutzt, um unser Europa nach vorne zu bringen.

Ihre einzige Leistung bestand darin, immer mehr Länder in die EU aufzunehmen und so den Staaten(ver)bund aufzublähen. Mit der Beibehaltung des Einstimmigkeitsprinzips blockierten sie sich damit mehr und mehr bei notwendigen Entscheidungen, weil durch die hohe Anzahl der Mitgliedsländer immer öfter irgendwelche Bereiche der einzelnen Länder berührt wurden, die dann zu einem Veto des jeweiligen Mitgliedslandes führten. Damit bremsten sich die Länder in ihrer politischen Handlungsfähigkeit selbst aus. Anstelle, dass die erweitere EU sich fortentwickelte, herrschte und herrscht oftmals Stillstand im politischen Getriebe. Die aktuelle EU inklusive ihrer Politiker sind überfordert. Sie sind in ihrer Staateritis gefangen und leider nicht mehr in der Lage, auch nur einen Hauch von einer Vision für EU zu entwickeln.

Allein dieses Wissen um unsere visionslosen Politiker lässt mich schaudern. Ich glaube, sie sehen sich selbst auch nur noch als reine *Klempner*, die die notwendigsten Reparaturarbeiten durchführen, aber nicht mehr in der Lage sind, eine Generalrenovierung zu planen, geschweige denn eine durchzuführen. Merkels Spruch von *auf Sicht fahren* steht nur sinnbildlich für die Richtungslosigkeit der europäischen Politik.

Man kann heute leicht über die mangelnde Verantwortung unserer jetzigen Politiker lamentieren, aber ich erwarte von gewählten Politikern, dass sie mehr Sachkenntnis über die politische Lage haben als ein normaler europäischer Bürger. Unsere Politiker können auf einen großen Stab an Beratern und Spezialisten zurückgreifen, um sich sachkundig zu machen. Die akut vorhandene Lücke in unserer europäischen Verteidigungsbereitschaft ist schließlich nicht erst *gestern vom Himmel gefallen*, sondern deutet sich schon seit vielen Jahren an.

Mein Fazit ist, dass ich von den jetzigen Politikern zusammen mit ihren nationalen Parteien und vielen Journalisten diesbezüglich nichts mehr erwarte. Sie sind viel zu sehr von unserer europäischen Erbkrankheit durchseucht und nicht mehr in der Lage unser wertvolles europäisches Frachtschiff umzusteuern.

Wir Europäer müssen einen anderen Weg einschlagen. Wir müssen selbst supranationale europäische Parteien gründen und beginnen unser europäisches Schloss zu renovieren. Es ist nicht nur unsere Sicherheit, die auf dem Spiel steht, es sind die vielen zusätzlichen Probleme, die supranational gelöst werden müssen.

Zudem müssen wir dafür Sorge tragen, dass wir supranationale Medien erhalten, die uns über europäischen Fragen berichten und uns nicht durch ihre nationalstaatliche Denkrichtung *medial zerfleddern*.

<u>Globale Probleme und Fragestellungen gemeinsam lösen</u>

Viele werden mit erhobenem Zeigefinger kommen und mir vorwerfen, dass ich zu engstirnig und nur auf Europa fokussiert sei. Ich konzentriere mich absichtlich auf Europa und im engeren Sinn auf die Vereinigten Staaten von Europa, weil ich in zweierlei Hinsicht überzeugt bin, dass wir globale Probleme von Europa aus nur als gemeinsames Europa werden lösen können.

Einerseits werden Ideen oder Lösungen einzelner europäischer Staaten, auch wenn sie vielleicht gut sind, wenig bis kaum global wahrgenommen. Nur wenn wir als Europäer gemeinsam auftreten, werden wir als gleichwertiger *Player* akzeptiert werden, so wie die USA, China oder Russland.

Andererseits sollten wir möglichst den ersten vor dem zweiten Schritt tun und nicht umgekehrt. Viele aktuelle Europa-Politiker kümmern sich lieber *um die Welt*, als sich zuvörderst um unser europäisches Haus zu bemühen. Sie jetten lieber in der Weltgeschichte herum und reisen von Konferenz zu Konferenz als sich in den Niederungen der EU zu bewegen.

Es gibt globalpolitische Probleme, die wir nur gemeinsam und global lösen können. Ich glaube aber, dass es in hohem Maße nicht notwendig ist, wenn sich deutsche, französische, spanische, italienische oder polnische Politiker auf den Weg machen für ein und dasselbe globale Problem. Zusätzlich sind noch die EU-eigenen Vertreter unterwegs. Ich bin immer beeindruckt, dass von den USA oder von China meist nur eine Handvoll Politiker anreisen, die aber oftmals die Richtung bestimmen, während unsere *kakophone Euro-Hundertschaft* nichts oder wenig beitragen kann.

Ich gönne unseren Politikern ihre Reisen, aber wenn sie schon so viel reisen wollen, dann bitte zuerst nach Brüssel, um unsere EU-internen Probleme anzupacken und, um sich abzustimmen. Dann sollte eine kleine Gruppe, aber mit der Macht einer

europäischen Stimme, zu der jeweiligen Konferenz weiterrei-
sen.

9.0. EINE VISION, DIE VOLLENDUNG DES EUROPÄISCHEN SCHLOSSES

(„Le Grand Palais", Rodolfo Di Telo, „Wir Europäer wollen wieder mehr Europa wagen", 2020)

„Da hatten ein paar Einwohner im Palais – eine Handvoll davon – eine gute Idee. Die sagten sich: „Wir tun uns zusammen und bewirtschaften unsere Wohnungen und Zimmer in einer gemeinsamen Einheit, das macht uns stärker im Verhandeln mit den Außenstehenden und auch mit den übrigen Einwohnern." Und das machten sie dann auch, während die restlichen Einwohner ungläubig zuschauten. Diese waren immer noch mit sich selbst beschäftigt, oder so unter dem Druck der Außenstehenden, dass sie die Situation nicht einschätzen konnten.

Zuerst legte das neue eingeschworene Einwohnerteam ihr gesamtes Einkommen zusammen und machte einen Kassensturz, um festzustellen, über wie viel Vermögen es verfügte. Dann wählte es Vertreter aus der Gruppe aus, die für die anderen sprechen und verhandeln durften, bestellte einen Vorstand, Stellvertreter, Kassenwart und weitere Personen für Innen- und Umbau, Außenverhandlungen usw.

Auch mit den fremden Wachmannschaften machte es nur noch kurze Zeitverträge und stellte zur eigenen Sicherheit sukzessive eine eigene verlässliche Wachmannschaft auf.

Gleichzeitig stellte der Kassenwart eine Vermögens- und Einkommensübersicht zusammen und machte in Absprache mit seinen Kollegen einen Haushaltsplan für die nächsten Jahre und eine Rangfolge der notwendigen Reparaturarbeiten.

Und so arbeiteten sie im Laufe der Zeit Stück für Stück die Rückstände auf. Anfänglich murrten die anderen Mitbewohner noch, mussten sie doch auch ihren Beitrag leisten, wollten sie in den Genuss der Reparaturarbeiten kommen, oder

Zahlungen leisten für Umlagen wie Renovierung der gemeinsamen Hausbereiche wie Dach, Treppen, Aufzüge, Außenfassaden, aber auch Grundstücksbewirtschaftung, Sicherheitstechnik, Müll und Wege.

Mit der Zeit wurde das Palais immer prächtiger und wohnlicher, sodass auch die übrigen Einwohner den Wert der Gemeinschaft erkannten und ein Einwohner nach dem anderen der Gemeinschaft beitrat bis letztlich doch wieder alle ein Team waren. Jetzt hatten sie alle zusammen ein wunderschönes Palais, renoviert vom Dach bis in den Keller mit allem Schnickschnack inklusive komplett erneuerter Sicherheitstechnik, neuen Wegen, Toren und Zäunen, das von allen bewundert und bestaunt wurde. Das Palais atmete Geschichte und viele Reisende von fernen Ländern kamen, um das stattliche Anwesen zu sehen und sich Anregungen zu holen.

Der Hütchenspieler im Seitenflügel jedoch, der die Tür zum Palais zugemauert hatte, staunte über die Einigkeit innerhalb der Bewohner und ärgerte sich sehr darüber, weil sich niemand mehr an seinen Hütchenspielen beteiligte und er auch nicht mehr seine (völlig überteuerte) Wachmannschaft verkaufen konnte. Aber es half nichts, er war jetzt draußen und musste für alle Kosten selbst aufkommen. Eine Zeitlang versuchte er noch, zusammen mit einzelnen Außenstehenden, gemeinsame Sache zu machen und die Einwohner auseinanderzudividieren, aber es half nichts, die Einwohnerschaft hielt zusammen.

Zu allem Überfluss geschah gleichzeitig noch etwas anderes, mit dem er gar nicht gerechnet hatte. Teile seiner eigenen Verwandtschaft kündigten ihm und mauerten alle Türen zu ihm zu, sodass er allein mit einer übrig gebliebenen Kammer Vorlieb nehmen musste; es blieb ihm nur noch ein Eingang, über den er den Seitenflügel verlassen konnte, aber er musste immer noch über das Grundstück hinweg, unter der argwöhnischen Beobachtung der Wachmannschaft des Palais. Der Händler war bekannt als störrischer, „Cherry pickender“ Hütchenspieler, vor dem man sich in Acht nehmen musste. Seine vormaligen Eliten waren alle zusammen trickreiche Krämer und eingefleischte Seeräuber gewesen und hatten sich auf diese Weise ferne Länder unter den Nagel gerissen. Er verlor sie alle mit der Zeit, aber er wollte nicht locker lassen und versuchte es immer wieder mit teils abenteuerlichen Taschenspielertricks. Seine eigene Verwandtschaft schämte sich über alle Maßen und war dessen bald überdrüssig. Zunehmend erinnerten sie sich der alten Freunde im Palais und baten um deren Aufnahme in das Team, was ihnen alsbald gerne gewährt wurde.

Besonders aber schäumten die Außenstehenden, sahen sie doch ihre Felle davonschwimmen. Sie übten Druck auf die Einwohner des Palais aus, drohten ihnen, zuerst gegen alle, und als diese merkten, dass das nichts fruchtete, auf einzelne Einwohner, teilweise mit unwürdigen Methoden.

Aber es half nichts die Einwohner des Palais verstärkten nur ihre Wachmannschaften und ihre Sicherheitstechnik und bildeten so ein unüberwindliches Bollwerk gegen die Außenstehenden“.

Wir Europäer können richtig stolz sein auf unser wunderbares Schloss! Welcher Kontinent kann mit so viel Verschiedenartigkeit und reichhaltiger Kultur aufwarten? Unser Kontinent hat so viele Universitäten und Wissenschaftler unterschiedlichster Ausprägung und Vielfalt. Wir haben Spitzenmediziner, Ingenieure, Physiker, Chemiker, Geisteswissenschaftler, wir haben eine ausgeprägte und starke Industrie mit Weltgeltung und das Bildungs- und Ausbildungsniveau ist sicherlich herausragend. Wir brauchen uns nicht zu schämen. Jährlich kommen Tausende Studenten von anderen Kontinenten zu uns, um bei uns studieren zu dürfen und, um an unserem Wissen teilhaben zu können.

Wir Europäer dürfen auf eine jahrtausendealte Kulturgeschichte zurückblicken. Beispiele dafür sind großartige Museen wie der Louvre, das British Museum, die Museen auf der Berliner Museumsinsel oder auch Rom, eine ganze Stadt praktisch wie ein Museum. Sie alle eifern um die Wette, wer die besten sind. Jährlich kommen Millionen Touristen, um unseren einzigartigen Kontinent zu bewundern.

Aber das alles ist zu wenig für die Zukunft, die auf uns zukommt. Wir müssen mehr tun, und wir müssen auch das Richtige tun. Wir müssen uns zusammentun und selbst laufen lernen. Wir müssen erkennen, dass Europa *nicht (mehr) der Nabel der Welt ist,* sondern im Wettstreit steht zu anderen großen Mächten. Wir dürfen uns nicht mehr nur auf andere verlassen, sondern wir müssen unser Geschick selbst in die Hand nehmen. Wir haben alle Möglichkeiten in Europa, gehen wir es an! Gehen wir doch die Wege gemeinsam und lassen uns nicht von anderen beirren.

Überwinden wir unsere *bleierne Staateritis,* die uns runterzieht und uns in unseren Egoismen verharren lässt. Lasst uns aufeinander zugehen und gemeinsam unser europäisches Schloss renovieren und Instand setzen. Machen wir doch eine Richtungsdiskussion, damit wir europäische Bürger wissen, wohin die Reise geht. Lassen wir es zu, dass wir eine gemeinsame europäische Regierung wählen dürfen, die mit unserer Legitimität wichtige und wesentliche Entscheidungen treffen kann, zum Wohle für uns alle.

Springen wir heraus aus unseren nationalen Schützengräben und geben unserem großartigen Kontinent die Chance wieder Spitzenplätze in der Welt einzunehmen.

10.0 BILDUNG DES VSE-KERNEUROPAS

"Ein Europa à la carte, bei dem jeder der Partner nur das aussucht, was ihm an diesem Europa besonders zusagt, kann ebenso wenig unser Ziel sein wie ein Europa, das sich am langsamsten Schiff im Geleitzug ausrichten muss."
(Helmut Kohl)

Die Überwindung der EU als Summe der 27 einzelnen europäischen Nationalstaaten zu einem funktionierenden und vereinten Bundesstaat scheint mir eine Illusion zu sein. Die Transformation der heutigen EU zu den Vereinigten Staaten von Europa wird aus der Sicht unserer leidvollen geschichtlichen Erfahrung heraus so nie stattfinden. Mit den 27 werden die VSE tatsächlich ein Gespenst bleiben.

Was Kaisern und Königen in der Jahrhunderte langen Geschichte unseres Kontinents durch Heiratspolitik oder durch kriegerische Auseinandersetzungen nicht gelungen ist (siehe Kapitel 6), das wird auch in der heutigen Zeit mit unseren Kleinkönigen und Landesfürsten nicht gelingen. Dafür sind wir Menschen und auch unsere Staatschefs zu sehr *machtzentriert.*

Lieber setzen sie sich zu einem kakophonen Orchester zusammen und liefern uns europäischen Zuschauern eine traurige Katzenmusik ohne Dirigent, als dass sie ein bisschen ihres Machtspiels an einen kraftvollen Dirigenten abgeben, um in harmonischer Art und Weise das EU-Konzert zu einem guten Ende zu bringen.

Nein, so wird das nichts! Unsere nationalstaatlichen Fliehkräfte sind (leider) viel zu groß, sodass die *inneren Eifersüchteleien* und außereuropäischen Mächte sehr leicht in unsere Suppe spucken und uns wieder auseinanderdividieren können. Da spielt uns unsere Staateritis einen unausweichlichen Streich, davon kommen wir nicht los. Es ist unser Schicksal an der europäischen Erbkrankheit zu leiden, sie ist uns in die Wiege gelegt wie ein Gendefekt, der von Generation zu Generation weitervererbt wird.

Wir können nur Heilung erfahren mittels eines genetischen Eingriffs in unsere Erbsubstanz. Wir müssen unsere Erbsubstanz selbst umprogrammieren, um uns von der unheilvollen Staateritis zu heilen. Wir brauchen *einen Impfstoff*, der uns *immunisiert* gegen die Staateritis.

Wir brauchen junge Vorreiter, die mutig genug sind, sich immunisieren zu lassen, wir brauchen junge Europäer, die bereit sind, an den *Anti-Staateritis Impfkampagnen* teilzunehmen. Und ich denke, das sollte im Europa der heutigen Zeit beginnen.

Gott sei Dank leben wir heutzutage in Zeiten, die nicht mehr von *dynastischem Gottesgnadentum* geprägt sind, sondern wir europäische Bürger dürfen unsere Kleinkönige und Fürsten selbst wählen – aber auch wieder abwählen. Soviel Demokratie und freies Handeln muss heutzutage sein!

Leider verführen unsere gewählten *Fürsten* uns oft und streuen uns Sand in die Augen, sodass wir fast blind nicht mehr sehen, wohin unsere gewählten Führer uns führen. Da kommt ihnen unsere Staateritis gerade recht, sie docken an unsere empfindlichste Stelle an und verpassen uns eine weitere Dosis Morphium, indem jeder Nationalpolitiker den Bürgern seiner Nation seine Wunderspritze verspricht, meistens auf Kosten und zu Lasten der gemeinsamen EU, um als Dankeschön dann wieder auf die EU zu schimpfen.

So ist es vor kurzem in Italien geschehen nach der Verabschiedung des EU-Haushaltes in Verbindung mit dem Coronahilfsfond. Da gab es einen

„Aufruhr in Italien trotz vieler EU-Milliarden".

So überschrieben in einem aktuellen Artikel in der Frankfurter Allgemeinen Zeitung. Da kann man doch glatt lesen, dass Herr Salvini meint: „Wir sagen nein zu einer Reform, die uns weniger frei macht und die Ersparnisse der Italiener gefährdet". Und Frau Meloni meint: „Es geht tragischerweise um die Verwirklichung des *deutschen Traums*, dass Italiens Staatsschulden mit

privaten italienischen Ersparnissen bezahlt werden"; und weiter „Klar ist, dass man in Europa denkt, wir verschwendeten
unser Geld und, dass uns fähigere Leute fehlten, die uns beim
Regieren helfen, wie Deutsche oder Franzosen, doch die be-
wahren uns nicht nur vor unseren Lasten, sondern klauen auch
noch unser Tafelsilber". (Quelle: Frankfurter Allgemeine, Seite 20, vom 12.
Dezember 2020)

Da fällt einem nichts mehr ein! Da soll Italien neben den übli-
chen Milliarden aus dem EU-Haushalt allein aus dem 390 Mrd.
„EU-Geschenkekorb" ca. 66 Mrd. € und aus dem EU-Wieder-
aufbaufond von zusammen 360 Mrd. € nochmals ca. 128 Mrd.
€ als langfristiges Darlehen, zusammen also ca. 204 Mrd. €,
erhalten. Und dann beschimpfen italienische Politiker die EU
sowie andere Geberländer und geben ihnen auch noch die
Schuld für die Unterstützung in einer Art und Weise, dass einem nur der Mund über so viel freche Präpotenz offen bleibt.

Italien hat seit Jahrzehnten eine konstante Überschuldung von
über 130% in Relation zum BIP statt der geforderten 60% und
dann riskieren diese frechen Politiker eine *solche kesse Lippe*.

Italien scheint schlicht ein hoffnungsloser Fall, ein *failed state*
zu sein. Italien kommt mir vor wie der berühmte gordische Knoten, der außerstande scheint, sich selbst zu entfesseln. Soviel
Frechheit ist für ein Europa, für eine EU, wirklich unwürdig.
Länder mit solchen Politikern haben nach meinem Verständnis
in den zukünftigen Vereinigten Staaten von Europa nichts verloren. Sie sollen so lange draußen bleiben, bis sie selbst in der
Lage sind vernünftige Politiker zu wählen.

Diese Art von nationalen Fürsten und Kleinkönigen sollen und
müssen in der Asservatenkammer der europäischen Geschichte landen, sie haben es nicht anders verdient.

Nun, liebe junge Europäerinnen und Europäer, bin ich bei dem
eigentlichen Thema dieses Kapitels gelandet. Ich habe keine
Hoffnung mehr in viele aktuelle Politiker meiner Generation; sie
sind zutiefst verseucht von der europäischen Erbkrankheit und
sind nicht mehr zu heilen.

Liebe junge Europäerinnen und Europäer, die ihr noch nicht infiziert seid, sorgt dafür, dass europäische Länder mit solchen Politikern (vorerst) außen vor bleiben; die Eliten dieser Länder müssen erst lernen sich in einer Gemeinschaft zu bewegen und nicht rücksichtslos auf die Gemeinschaft einzudreschen und gleichzeitig am gemeinsamen europäischen Haushaltstopf mit zu naschen. Das ist *geschmackloses Trittbrettfahrertum*. Es ist letztlich Betrug an der gesamten Gemeinschaft; und es ist letztlich genau diese Staateritis, die unsere aktuelle EU so schwach und zerrissen dastehen lässt. Es ist diese mangelnde Geschlossenheit, über die die außereuropäischen Mächte so lachen und die Hände reiben.

Liebe junge Europäerinnen und Europäer, die ihr noch nicht infiziert seid, sorgt gemeinsam dafür, dass sich die Staateritis nicht wieder auf eure Generation überträgt. Sorgt dafür, dass ihr Euch in gewisser Weise *immun macht*, gegen die Ausbreitung der Krankheit. Lasst nur solche Länder in die Gruppe der Vereinigten Staaten von Europa, die weitgehend frei sind von der Seuche Staateritis. Nur so kommen wir voran. Nur so werden wir ein europäisches *Wir-Gefühl* aufbauen können.

<u>Weniger ist (oftmals) mehr</u>

Wir müssen sukzessive unsere Länder befreien von der unsäglichen Staateritis, indem wir uns zurücknehmen und wieder in einem kleinen Rahmen beginnen unser Europa aufzubauen. Wir müssen innerhalb der EU die *Reset*-Taste drücken und einen *restart* vornehmen, um moderne Fachbegriffe zu verwenden.

Was für das Coronavirus gilt, dass gilt meines Erachtens auch für die Seuche Staateritis. Das Coronavirus liebt die große Menschenmenge; je mehr Menschen sich zusammenfinden, umso wohler fühlt sich das Coronavirus. Und das scheint auch für die Staateritis zu gelten. Die Staateritis breitet sich besonders dort heftig aus, wo viele Länder zusammen sind. Die EU der 27 ist ein gutes Beispiel dafür.

In der Anfangszeit, als ausschließlich die sechs Gründungsländer der Montanunion beisammen waren, war die Staateritis nicht so offensichtlich virulent wie sie heute wahrgenommen wird. Je mehr Länder in die EU aufgenommen wurden, umso öfter und intensiver breitete sich die Staateritis aus. Das ist sicherlich auch der Situation geschuldet, dass die Unterschiede zwischen den EU-Ländern ziemlich groß sind.

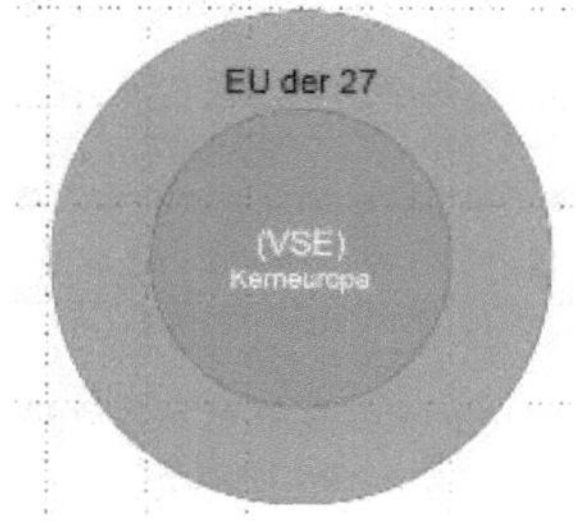

Deshalb sollten wir mit einer kleinen Gruppe von Ländern die Vereinigten Staaten von Europa gründen.

<u>Voraussetzung für die Gründung eines Kerns der VSE</u>

Liebe junge Europäerinnen und Europäer, ich empfehle zuvörderst die Erstellung eines Kriterienkatalogs, um eine gewisse Struktur und Homogenität der Gründungsländer zu gewährleisten. Beispiele hierfür sind der Verschuldungsgrad der Länder, die Wirtschaftsstruktur, die Rechtsstaatlichkeit, das Demokratieverständnis sowie demokratische Strukturen, die Regierungsform und kulturelle Befindlichkeiten. Nach meinem Verständnis sollte auch die Anzahl von einem halben Dutzend Gründungsstaaten nicht überschritten werden. Ich bin überzeugt, dass dann die Gründung der VSE zum Erfolg wird, so wie in den 1950iger Jahren die Gründung der Montanunion.

Ich habe in meinem Leben gelernt, dass es vernünftig ist, vor dem Beginn zuerst festzulegen, was man erreichen will, beziehungsweise wohin man will, um dann im Folgenden die notwendigen Aktivitäten festzulegen.

Gerade die Entwicklung der EU in den letzten 30 Jahren hat gezeigt, dass folgendes Motto nicht zu einer funktionierenden EU geführt hat: „Jetzt fangen wir an und laden alle willigen Länder ein (vorwiegend aus dem Osten Europas) und integrieren sie schnellstmöglich".

Auch die an sich gute Idee mit dem Euro hat gezeigt, dass eine gemeinsame Währung ohne politische Union der falsche Weg war; statt die Länder zu einigen, hat die Währungsunion zu mehr Streit und Hass aufeinander geführt. Die unterschiedliche Auffassung von einer Haushaltsdisziplin in den Ländern sowie kulturelle Unterschiede sind die treibenden Kräfte dafür.

Ich verweise auf die aktuell frechen und zutiefst verletzenden Beleidigungen der italienischen Politiker über die Bereitstellung des großzügigen „EU-Coronahilfsfonds". So wie sich die italienischen Politiker derzeit gebärden und Italien ökonomisch schlecht da steht, muss sich das kein EU-Land bieten lassen. Italien wäre nach meinem Dafürhalten auch *kein Kandidat der ersten Stunde.* Italien war zwar einst Gründungsmitglied der

Montanunion im Jahre 1951, hat aber bei der Euroeinführung zum 01. Januar 2002 wirtschaftlich bereits *schwer geschwächelt.* Es wäre in der jetzigen politischen und finanziellen Situation kein zuverlässiger Partner und kein stabiler Anker für die VSE-Gründungsländer.

Deshalb ist es wichtig, schon vor der Auswahl der VSE-Gründungsländer eine Liste zu erstellen, die die Hauptkriterien (Muss-Kriterien) und zusätzliche Kriterien (Soll-Kriterien) beschreiben. Hier ein paar Beispiele:

Muss-Kriterien:

- Dauerhafte demokratische Strukturen
- Funktionierendes Rechtssystem
- Langfristige stabile Regierungen
- Langfristige stabile Haushaltsführung
- Nettozahler an die EU
- Stabiles Polizeiwesen
- Keine Korruption in der Politik
- Möglichst geringe Verschuldung
- Verlässlicher Partner in der vorhandenen EU
- Bereitschaft zu einer supranationalen Führung
- Bereitschaft zu einer gemeinsamen Verteidigungspolitik
- Bereitschaft zu einer gemeinsamen Außenpolitik

SOLL-Kriterien:

- Langfristiger kultureller Austausch
- Mitwirkungsbereitschaft in den VSE
- Geringe Anzahl von Querschüssen
- Europazentrierung
- keine Könige als Staatsoberhäupter (möglichst präsidentiell repräsentiert)

<u>Die vorhandene EU soll bleiben</u>

Wir müssen innenhalten und mehrere Schritte zurücktreten, um mit dem verkleinerten Staatsteam zu beginnen. Dabei sollte die EU, wie sie heute existiert, bestehen bleiben. Das neue „Kerneuropa", die Vereinigten Staaten von Europa, würde als Teil der vorhandenen EU bleiben.

Da die Vereinigten Staaten von Europa (VSE) als ein Staat aufträten, würde die Mitgliederanzahl zwar sinken, aber mit der gleichzeitigen Umverteilung der Bevölkerungsanteile und der wirtschaftlichen Stärke würde in Summe die Gewichtung gleich bleiben. Nach dem vorhandenen Einstimmigkeitsprinzip in der EU könnten die VSE alle EU-Beschlüsse mitbestimmen und lenken. Kein Beschluss in der EU könnte ohne die VSE erfolgen.

Es würde aus der Sicht der EU *alles beim Alten bleiben*; lediglich in der Außenwirkung der EU gegenüber Drittstaaten würden die VSE eine natürliche und hervorgehobene Sonderrolle spielen.

<u>Die VSE sollen offen bleiben für Beitritte weiterer williger EU-Staaten</u>

Die neuen Vereinigten Staaten von Europa sollten nach einer ersten Findungs- und Stabilitätszeit von ca. 20-30 Jahren (vier bis sechs Legislaturperioden) offen sein für den Beitritt weiterer EU-Länder in die Gemeinschaft.

Der Beitritt weiterer EU-Länder in die VSE darf aber nach meinem Verständnis nur ein Beitritt sein nach klaren Beitrittsregeln. Es darf da zu keinen neuen Diskussionen kommen, sondern das beitretende Land übernimmt die Gesetze und Bestimmungen der Vereinigten Staaten von Europa, ohne *Wenn und Aber.* Das leidige *Rosinenpicken* der EU, in dem sich jedes Land seine Sonderregeln sucht, kann und darf es da nicht geben. Der Beitrittszeitraum kann sich in die große Länge ziehen, die VSE sollten keine Hektik entwickeln.

Die vorhandene EU kann langsam zu Grabe getragen werden, sie muss nicht revolutionsartig gestürzt werden. Revolutionen sind meistens schlecht, das hat die Geschichte gelehrt, besser sind langsame Übergänge. Das Beispiel des *Römischen Reichs deutscher Nation* erlebte auch ein langes Siechtum, bis es 1806 nach einigen Jahrhunderten *starb.* Die Abdankung eines Kaisers genügte – und *es konnte das Requiem gelesen werden.*

Ein Beispiel im positiven Sinne sind die USA, die 1776 mit der Staatengründung und den 13 Neuenglandkolonien begannen und 2012 das neueste und 51. Mitglied Puerto Rico integrierten. Die USA haben sich fast 250 Jahre Zeit gelassen, um sich zur heutigen Größe und Stärke zu entwickeln.

Ich sag dazu nur, Chapeau und Gratulation USA!

11.0 DER WEG DURCH DIE EU-INSTANZEN

„Eine Idee muss Wirklichkeit werden können, sonst ist sie eine eitle Seifen-blase."
(Berthold Auerbach, deutscher Schriftsteller)

Liebe junge Europäerinnen und Europäer, lass Euch nicht von der Vision Europas abbringen! Nehmt Euch ein Beispiel an den USA und *geht zu Werke.*

Haltet durch und haltet Euch fern von den heutigen *Staateritis verseuchten* Politikern. Lasst Euch nicht einlullen von den wiederkehrenden Parolen, dass eine Gründung der Vereinigten Staaten von Europa nicht funktionieren wird. Lasst Euch nicht anstecken von dieser schlimmen europäischen Erbkrankheit! Ganz nach dem Motto:

„Probleme lösen heißt auch, sich von den Problemen lösen!"

Junge Europäerinnen und Europäer, löst Euch von den aktuellen Nationalpolitikern und nationalen Parteien und beschreiten einen eigenen Weg! Schließt Euch mit jungen Menschen aus weiteren europäischen Ländern zusammen und gründet supranationale Parteien mit supranationalen Parteistatuten!

Warum soll die Staatengründung der VSE nicht funktionieren? Es gibt keine wie auch immer geartete Begründung, dass das, was in den USA zur Union geführt hat, nicht auch in Europa implementiert werden kann.

Was ich Euch leider nicht werde ersparen können, ist, dass diese Transformation erstens *von langer Hand geplant* und zweitens in einem noch viel längeren Umsetzungszeitraum stattfinden wird. Ihr braucht sprichwörtlich *einen langen Atem.*

Und ihr werdet diesen Weg allein gehen müssen, ohne große Unterstützung durch vorhandene Politprofis, ohne Parteienstruktur, und ohne Verankerung in vorhandenen Staatssystemen. Die vorhandene, in überwiegendem Maße *Staateritis verseuchte* Struktur, wird Euch nicht helfen, sie wird im Gegenteil Euch *ein Bein nach dem anderen stellen.* Eure Tätigkeit wird von den etablierten Gruppierungen nicht honoriert werden, sondern sie werden Euch anfeinden, weil ihr für die Nationalpolitiker eine Bedrohung seid. Ihr sägt an deren nationalen Stühlen.

Der Grund ist schlicht, weil urmenschlich: Fast alle aktuellen Politiker haben, so wie ihr, in jungen Jahren begonnen sich politisch zu betätigen. Sie sind vorwiegend in die vorhandenen nationalen politischen Parteien eingetreten und dort im Laufe der Jahre und Jahrzehnte nach oben in Staats- und Regierungsverantwortung gekommen. Die heutigen Politiker sind „nolens volens" fest und tief in die nationale Parteien- und Politstruktur eingebunden. Sie sind von nationalen Bürgerinnen und Bürgern gewählt und über Kommunal-, Landes- und Bundessitze diesen verpflichtet. Ihre Tätigkeit wird von diesen Bürgern bezahlt, beziehungsweise sie leiten ihre politischen Pfründe aus ihrer Mandantschaft gegenüber diesen Bürgern ab. Diese Politiker haben daher *kein Ohr* für europäische Probleme, weil sie dafür nicht gewählt wurden und letztlich dafür auch nicht bezahlt werden. Das ist das Kernproblem, das ist die gelebte Staateritis!

Die Überwindung der Staateritis ist ein langer Weg

Sich von der Staateritis lösen, heißt eigene Wege zu gehen, durch die *Kraft der inneren Überzeugung*. Sich von der Staateritis lösen heißt, eigene Parteien zu gründen. Sich von der Staateritis lösen heißt auch, vollkommen unabhängige Strukturen im Wettbewerb zu den vorhandenen aufzubauen.

Sich von der Staateritis lösen heißt zudem, *den Weg durch die Instanzen zu gehen*, auf der untersten kommunalen- und Landesebene zu beginnen und sich Stück für Stück nach oben zu arbeiten. Und das in jedem Land, mit dem die Vereinigten Staaten von Europa gegründet werden sollen, also mindestens in einem halben Dutzend. Es sollte darüber hinaus möglichst gleichzeitig geschehen.

Dieser Weg klingt nicht einfach. Es gibt jedoch ein gutes, nationales Beispiel hier in Deutschland, die Grünen. Ich werde dieses Beispiel anführen, weil die Grünen einen wesentlichen Teil meines Lebens begleitet haben. Der Aufstieg dieser Partei in all ihrer Breite zu erleben, war und ist faszinierend. Die Grünen hatten eine Vision, was die anderen Parteien nicht (mehr) hatten. Es ist eine Vision, wie die Welt zukünftig aussehen müsste, um zu überleben.

Was die Grünen leider auch haben, ist diese, ganz eigene Art uns Bürger *erziehen* zu wollen; die Grünen haben gute Ideen, laufen dabei aber immer mit dem *erhobenen Zeigefinger* herum, wie ein Oberlehrer oder ein *Obergutmensch*, der uns (schlichten) Bürgerlein täglich/stündlich erklären muss, was gut für uns sei.

Wir Menschen brauchen einen Kompass

Ich möchte hier an dieser Stelle nicht auf die Vision der Grünen eingehen. Was man daraus lernen sollte, ist, dass wir Menschen eine Idee brauchen, wie die Zukunft für uns gesichert wird. Wir Menschen wollen kein Untergangsszenario, wir Menschen wollen eine Überlebensstrategie vorgelegt bekommen. Wir Menschen brauchen einen Anker, an dem wir uns festhalten können. Wir Menschen brauchen eine Richtschnur, an der wir uns entlang hangeln können, im Hellen wie auch im Dunkeln. Und das versprachen damals in den 1980iger Jahren die Grünen!

Ich erinnere mich hierbei an die *Dachlattengeschichte* Holger Börners, 1982, in Hessen. Holger Börner, damals Ministerpräsident in Hessen drohte Demonstranten, darunter vielen Grünen, sie *mit der Dachlatte zu verjagen*. Die Grünen kamen in den Landtag hinein – und blieben. Es war *Schluss mit Dachlatte.*

Die Grünen eroberten Landtag für Landtag. Sie sitzen fest im Bundestag und hatten schon Regierungsverantwortung übernommen zusammen mit der SPD und Herrn Schröder als Kanzler.

Ziemlich zur Anfangszeit der Grünen, also in den späten 1970ern, regierte die SPD mit Herrn Schmidt als Bundeskanzler. Mit Herrn Schmidt verbinde ich folgenden Spruch: „Wer Visionen hat, der soll zum Arzt gehen!".

Am Ende kam es so: Die „Roten" (SPD) folgten brav ihrem (fast) Vater (Achtung, Brandt ist und bleibt der Übervater!), und bauten Stück für Stück *rote Ideen* ab, bis letztlich *nur noch Realpolitik* übrig blieb. Da verharren sie bis heute, *in der Realpolitik.* Die SPD ist nur noch eine leere Hülle, visionslos dümpelt sie von einem Umfragetief ins nächste, während die Grünen von einem Umfragehoch zum nächsten schwingen. Manchmal tauchen alte kommunistische Hirngespinste auf wie der

Schlachtruf von der Enteignung (siehe Kevin Kühnert) und tauchen schnell wieder ab.

Die ehemals große SPD („Wir wollen wieder mehr Demokratie wagen", Willy Brandt) liegt im Koma. Die *(politischen) Aasgeier* schärfen schon ihre Schnäbel, um den *baldigen Leichnam* zu zerlegen, die Grünen und die kommunistische Linke inklusive dem DGB *läuten schon das Totenglöcklein.*

So ist das (politische) Leben; wer dem Wähler keine Zukunft anbietet, der hat (politisch) schon verloren. Es ist gut so, dass wir auswählen dürfen, wer uns eine Zukunft bietet und wer nicht.

Die CDU in Deutschland hatte eine „Europavision" bis zur Wiedervereinigung 1990. Dann folgte der letzte Teil der Vision durch Kohl mit der Einführung des Euro. Seit Angela Merkel ist Schluss mit einer *Europavision*. Frau Merkel fährt im *Nebel auf Sicht.* Sie greift von allen anderen Parteien die Ideen ab, das muss reichen. Sie steht in Grönland am Gletscher und schaut zu, wie er schmilzt. Das kann auch eine Vision sein (ein negativer Kompass), eine Vision von einer Nicht-Vision, fast schon wieder genial, aber leider die falsche! Und vor allem keine, an der ein Mensch sich aufrichten kann.

Europa kommt bei Frau Merkel nicht vor! Da herrscht *EU-Realpolitik*! Da sitzt Frau Merkel im Kreis der 27 und spielt gemeinsam mit ihnen die traurigen EU-Spielchen: „Hannemann, geh du voran" oder „Heiliger St. Florian, verschon mein Haus, zünds andre an!" Soweit steht es mit der CDU. Nicht ein Funken von einer Idee, wie es mit Europa weitergehen soll.

Ohne die weiteren EU-Staaten und deren Regierungen genau zu kennen, möchte ich doch behaupten, dass in anderen europäischen Großstädten nicht anders gedacht wird.

<u>Was lernen wir daraus?</u>

Ohne Kompass gibt es keine langfristige Politik, ohne Richtschnur sind wir Bürger verunsichert. Wir Bürgerinnen und Bürger wollen eine gesicherte Zukunft, wir wollen wissen, *wohin der Zug fährt, oder wohin die Reise geht.* Es ist unser Sicherheitsseil, an das wir uns klammern.

Wir Bürgerinnen und Bürger brauchen eine Vision, wir brauchen Zukunft. Und das, liebe junge Europäerinnen und Europäer, müsst ihr Euch merken, wenn ihr *die Welt und insbesondere Europa verändern wollt.* Ihr müsst den Menschen eine Perspektive bieten, die ihnen einleuchtet.

Ihr müsst Euren jungen Kolleginnen und Kollegen einen Kompass in die Hand legen. Wir Menschen wollen *eingenordet* werden, wir wollen die Richtung kennen, sollen wir doch gemeinsam den Weg beschreiten.

Ohne Angabe einer Richtung fühlen wir uns unwohl, wir fühlen uns *im Stich gelassen*, wir fühlen uns allein gelassen. Und das Gefährliche ist, dass wir *wie ein aufgescheuchter Hühnerhaufen* irrational in alle Richtungen auseinanderlaufen. Jeder einzelne sucht seine eigene Richtung, jeder versucht für sich einen Zufluchtsort zu finden. Das ist fatal, weil wir leicht gefangen werden können. Dann hat der Fuchs erreicht, was er will, er kann sich ein Huhn nach dem anderen vornehmen.

12.0 DEUTSCHLAND UND FRANKREICH IM TANDEM

„Der Staat, der seinem Namen gerecht wird, hat keine Freunde - nur Interessen."
(Charles de Gaulle (1890-1970), frz. General und Staatspräsident)

In Kapitel 9 wurde erläutert, dass die Transformation der heutigen EU zu den Vereinigten Staaten von Europa (VSE) nur gelingen wird, wenn sich eine zahlenmäßig kleine Gruppe williger EU-Staaten findet. Diese muss bereit sein, Teile ihrer nationalstaatlichen Kompetenz, bewusst und in Abstimmung mit den anderen, an eine supranationale Ebene abzugeben.

Und wie in Kapitel 7 beschrieben, wird nur mittels Gründung eines Bundesstaates gewährleistet, dass die Übernahme supranationaler Kompetenz zukünftig gesichert und sinnvoll umgesetzt wird. In meinem Buch „Wir Europäer wollen wieder mehr Europa wagen", Kapitel 7, habe ich grob beschrieben, wie ich mir eine VSE-Regierung vorstelle. Im Kapitel 14 versuchte ich eine Detaillierung vorzunehmen. Mögliche Verfassungsspezialisten mögen hier meine unscharfen Formulierungen verzeihen. Sie werden noch berücksichtigt, wenn eine Verfassung sowie die Gründungsdokumente geschrieben werden müssen.

Die erste VSE-Gruppe, beziehungsweise welche EU-Staaten *Teilnehmer der ersten Stunde* sein werden, könnte folgendermaßen aussehen. Es gibt wirtschafts- und sicherheitspolitisch betrachtet noch zwei herausragende Nationen in Europa und in der EU: Das sind Frankreich und Deutschland.

Der Begriff *Vereinigte Staaten von Europa* ist nicht neu und auch das genannte *Tandem Frankreich-Deutschland* habe ich nicht erfunden. Vielmehr hat sich nach dem ersten Weltkrieg ein bekannter Österreicher, Herr Coudenhove-Kalergi, schon maßgeblich mit dieser politischen Konstellation beschäftigt.

Leider ist er mit seinen paneuropäischen Ideen nicht weit gekommen; die damaligen politischen Umstände erlaubten keine Zukunftsvisionen von Europa.

Allerdings hat er damals schon erkannt, dass mit den Engländern paneuropäische Gemeinschaften nicht zu machen sind. 1921 war das British Empire gerade auf dem Höhepunkt, da war kein Platz für mickrige europäische Unionsgedanken. Das Empire dachte (damals noch) *global*!

Und heute? Bis ins Jahr 2016 war Großbritannien maßgeblich in der EU beteiligt, aber dieses Land hat bekanntlich 2020 die EU verlassen und will völlig allein und losgelöst von allen Bindungen die Welt wieder als *Global Britain* beglücken. England will *zurück zu alter Größe*! Ob das die ehemaligen Kolonien auch so sehen, bleibt eine offene Frage.

<u>Das Tandem im kurzen Rückblick</u>

Meines Erachtens bleiben zwei EU-Länder übrig, die ich in der ersten Gruppe sehe. Nachdem England, als ständiger Nörgler über mehr EU-Kompetenz, die EU verlassen hat, sehe ich Frankreich und Deutschland als die Speerspitze für das Voranbringen der zukünftigen Vereinigten Staaten von Europa.

Und dazu hat das Medium „Zeit-Online" vom 02.09.2011 tatsächlich folgende Umfrage veröffentlicht. Bereits 2011, vor bereits 10 Jahren, haben circa 35 Prozent der deutschen und sogar circa 44 Prozent der französischen Bevölkerung „ja" gesagt zu den „Vereinigten Staaten von Europa" (Quelle: Zeit-Online vom 02.09.2011).

Als ich diese Erhebung vor kurzem sah, war ich wirklich überrascht über die positive Einstellung von uns Europäern. Gleichzeitig stellte ich mir auch die Frage, warum diese so positive Einstellung unserer europäischen Bürger überhaupt nicht aufgegriffen und weiter vorangetrieben wurde. Ich habe eine Vermutung und sie, liebe Europäerinnen und Europäer, hegen sicherlich den gleichen Verdacht.

Ich glaube, dass diese Studie nach ihrem Erscheinen ganz schnell und geräuschlos von unseren Nationalstaatspolitikern einkassiert und in die untersten nationalen Schubladen gesteckt wurde, um keine *schlafenden Hunde zu wecken*. Wir Europäerinnen und Europäer sollen keinesfalls auf *dumme Gedanken kommen*. Wir sollen keinesfalls die Freiheit von Suprastaatlichkeit fühlen, denn dann wäre die Macht der Nationalstaatspolitiker zusammen mit ihren Pfründen in hohem Maße gefährdet. Das wollen die Politiker nicht, sie wollen an ihren Sesseln kleben und so weitermachen wie bisher.

Da ist eine Diskussion über einen supranationalen Bundesstaat eine Bedrohung ihrer Existenz, die sie möglichst verhindern wollen. All die Nationalpolitiker haben nicht Jahrzehnte an ihrer politischen Entwicklung und an ihrem Aufstieg gearbeitet, um dann die erarbeiteten nationalen Posten und Pöstchen an supranationale Mandatare abzugeben.

Aber liebe junge Europäerinnen und Europäer, an dieser Studie aus Frankreich und Deutschland könnt ihr politisch andocken und weiterbauen. Ich bin überzeugt, dass es nach wie vor viele Menschen in Frankreich und Deutschland gibt, die für einen supranationalen Bundestaat offen sind, obwohl unsere Nationalpolitiker praktisch zehn Jahre Fortentwicklung gestohlen haben. Dieser Aspekt bestärkt mich in der Auffassung, dass für diese Politiker die Zeit um ist und sie abtreten müssen. Sie haben ihre Chancen gehabt und haben sie, vermutlich bewusst, nicht genutzt. Es gibt keine andere logische Erklärung dafür. Jetzt müsst ihr jungen Europäer dort weitermachen, wo die EU bereits 2011 war.

Warum sollen gerade Deutschland und Frankreich als Tandem federführend die Gründung der Vereinigten Staaten von Europa voranbringen?

Egal, welche Initiative in der EU läuft, egal, welches Gesetz beschlossen werden muss, wenn sich Frankreich und Deutschland nicht einig sind, dann passiert nichts, dann gibt es Stillstand. Frankreich und Deutschland sind das (ungeschriebene) pochende Herz in der EU. Sie sind erstens wirtschaftlich die beiden größten Länder in der EU und haben zweitens auch den größten Bevölkerungsanteil.

Baut daher zuvörderst eure supranationalen Parteistrukturen in diesen beiden Ländern auf, gründet zuerst in Deutschland und Frankreich eure „nationalen Hubs" basierend auf einem supranationalen Grundsatzpapier. Junge Franzosen und junge Deutsche, setzt Euch zusammen und gründet eine supranationale Partei, die in den Ländern als Parteien zugelassen wird! Und geht zu Werke mit eurer gesamteuropäischen Vision.

Deutschland und Frankreich sind sich Jahrhunderte lang *gegenseitig im Weg gestanden* und haben sich immer wieder vice versa *das Bein gestellt*. In oftmals grausamen Kriegen und gegenseitigen Raubzügen haben sie um die Vorherrschaft in Europa gekämpft, sie haben sich gegenseitig geschwächt, sodass andere Länder wie England oder auch die Osmanen ihre Spielchen mit den beiden Ländern machen konnten.

Getrieben von Machtgier und Geltungswahn haben vormals die Kaiser und Könige in einer Mischung aus Heiratspolitik (meist die blutschonende Version) oder mittels Eroberungszügen (die blutrünstige Variante) die einfache Bevölkerung ungefragt in Kriege und Auseinandersetzungen gezerrt, die diese nicht wollten. Es waren die sogenannten *Eliten*, diese Ausgeburten an Größenwahn und *präpotentem Gottesgnadentum,* die die einfachen und normalen Bürger missbrauchten und unsere Vorfahren in Krieg und Tod trieben.

Es waren nicht die einfachen Menschen, die oftmals brutale Kriege anzettelten, es waren samt und sonders immer diese vermaledeiten *sogenannten Eliten* und die oftmaligen *ultranationalen (Ver)Führer.*

Die Überwindung der Staateritis im Tandem Deutschland und
Frankreich

Jetzt über 75 Jahre nach dem letzten Krieg und über drei Men-
schengenerationen hinweg sowie Hunderttausender Schüler-
austausche und Tausender Städtepartnerschaften, sollte doch
die Möglichkeit bestehen, dass diese beiden Länder die Vorreiter bilden in der Überwindung unserer leidigen und kräftezeh-
renden europäischen Erbkrankheit Staateritis.

Und dabei spreche ich Sie, die Bürgerinnen und Bürger in
Frankreich und Deutschland, direkt an und nicht die Eliten.
Baut gemeinsam ein vereinigtes Europa auf! Lasst den Streit
und die Zwietracht auf den Füßen eurer Eliten liegen, löst euch
von diesen und geht gemeinsam Hand in Hand den europäischen Weg! Lasst euch nicht mehr von euren nationalen Eliten
missbrauchen, sondern marschiert nach Europa, entschieden
und gemeinsam!

Unsere beiden Länder arbeiten seit Jahrzehnten in einem gemeinsamen Wirtschaftsraum zusammen. Seit Gründung der
Montanunion im Jahr 1952 (Inkrafttreten des Vertrags) sind fast
70 Jahre vergangen. Wir konnten uns immer besser kennen-
lernen und Vertrauen zueinander gewinnen; keine Wirtschaft in
Europa ist so stark miteinander verflochten wie die deutsche
und französische. Deutschland und Frankreich können nicht
mehr anders, als vereint zu leben und auch zu wirtschaften.
Und zu keiner geschichtlichen Periode war solange Frieden
zwischen Frankreich und Deutschland (auch wenn man das römische Reich deutscher Nation hinzuzählt!).

Seit 1963 gibt es den Elysée-Vertrag, und seit 2019 sowohl den
Vertrag von Aachen und die Deutsch-Französische Parlamentarische Versammlung. Diese Verträge zwischen Frankreich
und Deutschland sollen binationale Lösungen erarbeiten und
ein Zusammenwachsen dieser beiden Länder beschleunigen.

Wikipedia schreibt dazu: „Der Vertrag über die deutsch-französische Zusammenarbeit und Integration, kurz als Vertrag von

Aachen oder Aachener Vertrag bezeichnet, ist ein bilaterales Abkommen zwischen den EU-Staaten Deutschland und Frankreich. Er wurde im Krönungssaal des Aachener Rathauses unterzeichnet" (Quelle: Wikipedia, Vertrag von Aachen).

Und weiter im selben Jahr:

Die Einrichtung der Deutsch-Französischen Versammlung soll es ermöglichen:

- Vorschläge zu grenzüberschreitenden Fragen zu erarbeiten
- Gemeinsame Umsetzung von EU-Richtlinien voranzubringen
- Die Einhaltung der Bestimmungen des Elysée-Vertrags über die deutsch-französische Zusammenarbeit vom 22. Januar 1963, ergänzt durch den Vertrag von Aachen vom 22. Januar 2019, sowie die Umsetzung und Bewertung der daraus hervorgehenden Projekte zu überwachen
- Die Deutsch-Französischen Ministerräte zu begleiten
- Die Arbeiten des Deutsch-Französischen Verteidigungs- und Sicherheitsrats zu begleiten
- Die Weiterverfolgung von europäischen und internationalen Angelegenheiten von gemeinsamen Interesse (darunter die gemeinsame europäische Außen- sowie Sicherheits- und Verteidigungspolitik) zu gewährleisten
- Vorschläge zu sämtlichen Fragen zu erarbeiten, die die deutsch-französischen Beziehungen betreffen und auf eine größere Übereinstimmung des deutschen und des französischen Rechts abzielen

Bindende Beschlüsse kann die Parlamentarische Versammlung nicht fassen. Ebenso wenig existiert ein eigenes Budget (Quelle: Wikipedia, Deutsch-Französische Parlamentarische Versammlung).

Schon lese ich Kritik, wiederum in Wikipedia, von den übrigen Verdächtigen (Kommunisten, Nazis, Moskautreue):

„Der Vertrag von Aachen löste auch Kritik aus und erregte teilweise populistisch ausgeschlachtete Phantasien. Der ehemalige Präsident von Tschechien Václav Klaus bezeichnete den Vertrag als ‚Geheimvertrag über den faktischen Zusammenschluss Frankreichs und Deutschlands‘, der das Ziel verfolge, als ‚Frankodeutschland‘ Europa zu beherrschen; er stellt dies in die Tradition der Politik von Hitler und Napoleon. Weiterhin befürchtete er, dass ein neuer ‚Superstaat‘ in einem ‚parallelen Integrationsprojekt‘ zur EU entstehe. In Frankreich behauptete Marine Le Pen, Vorsitzende des rechtsextremen Rassemblement Nationals, der Vertrag stelle einen Verrat bezüglich französischer Interessen dar. Die abrüstungspolitische Sprecherin Sevim Dagdelen der Fraktion Die Linken sieht den Vertrag als einen Generalangriff auf die Rüstungsexportrichtlinien an" (Quelle: Wikipedia, Vertrag von Aachen).

So sind die EU, oder genauer große Teile der EU-Politiker! Da versuchen einzelne Staaten und Politiker sinnvolle gemeinsame Lösungen zu finden und schon fallen alle (nationalpolitischen) Nörgler und Neider darüber her, als wäre das das größte Verbrechen aller Zeiten; da werden uralte Klischees aus der Mottenkiste der Geschichte geholt und Schreckensszenarios gemalt, um das Zusammenwachsen der EU zu einem besseren Handeln zu verhindern. Ich höre schon das *Heulen und Jaulen* der nationalen Eliten, aufgestachelt durch diese äußeren Feinde, die gerade nicht wollen, dass wir eine gemeinsame politische Linie finden. Diese wollen nicht, dass wir uns vereinen, weil sie uns dann nicht mehr filetieren können. Sie wollen keine starke deutsch-französische Union, weil sie wissen, dass dieses wirtschaftlich starke Tandem ein wichtiger globaler Mitspieler sein würde.

Aber es wird doch möglich sein, die nationalen und künstlichen Fesseln unserer Eliten abzuschütteln und unser gemeinsames Wirtschaften und Zusammenleben auch in einer politischen Union zu integrieren. Spätestens jetzt sollten wir die nationalen Grenzen niederreißen – vor allem die in unseren Köpfen – und in einem gemeinsamen Europa unsere Kräfte bündeln, damit wir verhindern, dass unsere inneren und äußeren Feinde bei uns andocken und sich mitten unter uns breit machen können.

Zusammen mit weiteren europäischen Staaten in den Vereinigten Staaten von Europa wäre dieses Kerneuropa ein unverzichtbarer Partner im weltweiten Spiel der Mächtigen.

Bruttoinlandsprodukt Europa, 2019, Mrd. Euro		
(Quelle: Statista)		
Land		BIP (Mrd. €)
EU der 27 Nationen (gesamt), (Quelle: Statista)		13.940
davon:		
Deutschland	3.440	
Frankreich	2.420	
Spanien	1.250	8.860
Benelux gesamt (812+474+64 Mrd. €)	1.350	
Österreich	400	
Zum Vergleich: (Quelle Wikipedia, Liste der Länder nach BIP):	Kurs:	
USA (ca. 21.430 Mrd. USD)	1,12	19.130
China (ca. 14.730 Mrd. USD)	1,12	13.150
Russland (ca. 1.700 Mrd. USD)	1,12	1.520

(Quelle: Tabelle Rodolfo Di Telo, Daten Statista)

Die Bruttoinlandsprodukte einiger ausgewählter europäischer Länder zeigen, dass Frankreich und Deutschland in gewisser Weise dazu verurteilt sind, eine politische Union zu bilden, weil jedes einzelne europäische Land für sich viel zu klein und unbedeutend wäre, um im Kreis der globalen Kräfte ein gewichtiges Wort mitzureden. Obwohl Frankreich und Deutschland die größten Länder in der EU sind, sind sie doch als einzelne Staaten gegenüber den großen globalen Mächten wie China oder den USA viel zu unbedeutend.

Nüchtern betrachtet wird es mir immer unverständlicher, dass unsere aktuellen Politiker so verantwortungslos mit unserer EU umgehen und uns europäischen Bürgern vorgaukeln, was für ein *toller Hecht* jeder einzelne von ihnen ist. Eigentlich sollten sie sich *in Grund und Boden schämen* und umgehend von der politischen Bühne abtreten. So wie ich diese Zahlen interpretiere, müssten unsere hohen Damen und Herren Politiker diesen Sachverhalt mindestens genauso verstehen – und uns europäische Bürger darauf hinweisen und uns warnen.

Stattdessen habe ich diese *Staateritis verseuchten* Stimmen im Ohr, diesen kakophonen Chor egoistischer Narzissten und Egomanen. Jeder hört nur sich selbst und keiner den anderen. Und wir europäische Bürger stehen mit offenem Mund da und können es kaum erwarten, dass diese Damen und Herren schnellstmöglich abtreten und proeuropäischen Politikern Platz machen.

Wir lernten bis jetzt, dass gerade das Tandem Frankreich-Deutschland der treibende Motor zur Gründung der Vereinigten Staaten von Europa sein sollte. Im folgenden Kapitel werde ich ein grobes Bild der beiden Staaten zeichnen, um die aktuelle Situation dort darzulegen. Die Zeichnung von Deutschland fällt mir leichter, weil ich seit Jahrzehnten in Deutschland lebe.

Frankreich kenne ich von mehreren Urlaubsreisen sowie französischen Freunden; zusätzlich es gibt ja mittlerweile das Internet, wo ausgesprochen viel Information zu allen möglichen Themen zu finden ist. Außerdem gibt es Zeitungen und Magazine (leider noch nicht supranational).

Deutschland

Ich übertreibe nicht, wenn ich festhalte, dass Deutschland das wirtschaftlich stärkste und größte Land in Europa ist. Trotz Krieg und totaler Zerstörung konnte sich Deutschland nach dem zweiten Weltkrieg in einem atemraubenden Schnelldurchgang wirtschaftlich erholen und auf die Überholspur in Europa einschwenken. Dabei war Deutschland geteilt in den westlichen, demokratischen und in den östlichen, kommunistischen Teil. Während die Bundesrepublik Deutschland (BRD) einen beispiellosen Aufstieg erlebte, verharrte die Deutsche Demokratische Republik (DDR) in kommunistischer Zwangsstarre und zerfiel zusammen mit den anderen kommunistischen Oststaaten wie ein hohler tönerner Riese. 1990 konnte jeder den Unterschied von „Marx und Murks" sehen, erleben und nachvollziehen.

Nach der Wiedervereinigung Deutschlands 1990 sorgte die Wirtschaftskraft in Deutschland wiederum für einen beispiellosen *Aufbau Ost*, zum großen Erstaunen der anderen europäischen Länder; nach 30 Jahren Wiedervereinigung sind die Unterschiede zwischen Deutschland Ost und West eher in den Köpfen zu finden als in Euro und Cent. Der Wiederaufbau erfolgte mit einer unvorstellbaren Summe.

Die deutschen Wirtschaftsnachrichten vom 11.05.2019 titelten: „Aufbau Ost kostete bisher über 1,6 Billionen Euro". Ferner wurde in dem Beitrag erläutert, dass nach der Wiedervereinigung zwischen 1991 und 2013 insgesamt 3,4 Billionen Euro aus den alten Bundesländern in die neuen Bundesländer geflossen sind. In diesen 22 Jahren wurden in den neuen Bundesländern Steuereinnahmen in Höhe von 1,8 Billionen Euro erzielt. Es erfolgte somit ein Nettotransfer von West nach Ost in Höhe von 1,6 Billionen Euro.
(Quelle: Deutsche Wirtschaftsnachrichten vom 11.05.2019)

Deutschland war während der letzten 30 Jahre ausschließlich damit beschäftigt den Aufbau Ost zu gewährleisten. Das ist wirklich löblich und wird auch jeder verstehen.

Was aber niemand (mehr) nachvollziehen kann, ist, dass sich Deutschland ausschließlich darin versteht, mit dem „Friedensölzweig" im Mund herumzureisen, ganz nach dem Motto „Schwerter zu Pflugscharen" oder „Von deutschem Boden darf kein Krieg mehr ausgehen".

Deutschland ist nur noch ein großer *Krämerladen, der mit Gott und der Welt handelt.* Das Land ist aber schon lange nicht (mehr) in der Lage seine *Krämergeschäfte* mittel- und langfristig zu sichern. Deutschland muss sich leider völlig auf die USA verlassen. Das ist bequem für die deutschen Politiker. Sie zählen sich zu den globalen *Gutmenschen* und bei jeder Gelegenheit tauchen sie auf allen *Weltrettersymposien* auf, seien es Tagungen zum Klimawandel, oder seien es Meetings zur Entwicklungshilfe. Das ist auch beispielhaft. Deutsche sind nun mal bekannt für eine herausragende Organisation.

Gleichzeitig überlassen dieselben Politiker die nicht so schöne Arbeit, die Sicherung des Friedens nämlich, gerne anderen, vornehmlich den USA, aber auch beispielsweise England. Nur unter politischem Druck begann Deutschland widerwillig und zaghaft auch an militärischen Operationen, zusammen mit anderen, teilzunehmen, wie in Afghanistan oder auch jetzt in Mali. Das ist gut, aber bei Weitem nicht ausreichend. Vor allem die eigene Sicherheit wird sträflich vernachlässigt. Wie schreibt der Spiegel vom 20.02.2021: „Rüstungsindustrie, in Frankreich ist man stolz auf sie, in Deutschland gilt sie als Schmuddelbranche". Und diese Sicherheitspolitik erscheint mir äußerst widersprüchlich. Sie ist die Achillesferse der deutschen Politik.

Einerseits greifen deutsche Politiker die Kosten für Verteidigung *mit spitzen Fingern* an. Andererseits werden die Anschaffungskosten für die *nukleare Teilhabe* durchaus akzeptiert, wie die sehr verehrte Verteidigungsministerien Frau Annegret Kramp-Karrenbauer (kurz AKK) erläutert. Das liegt daran, weil diese *nukleare Teilhabe* in den Etat der USA läuft und damit die USA besänftigen soll, ein Kotau vor den USA sozusagen.

Europa spielt bei diesen Überlegungen keine Rolle. So viel Arroganz gegenüber den europäischen Institutionen und der EU muss schon sein! Wir leben alle in Europa, wir machen Geschäfte mit unseren EU-Partnern, aber für eine gemeinsame europäische Sicherheitspolitik gibt es taube Ohren!

Das ist die momentane *Europapolitik auf deutsche Art*. Deutschland betreibt *Realpolitik* in der EU, es gibt den Vertrag von Aachen und die deutsch-französische Parlamentarische Versammlung. Mehr als das ist nicht drin. Und wirklich etwas zu sagen hat sie nicht.

Das Ergebnis der Europäischen Ratspräsidentschaft von Frau Merkel von Juli-Dezember 2020 zeigt folgendes Bild:

„Im Bereich der Sicherheitspolitik hat Deutschland während seiner Ratspräsidentschaft eine Art ‚strategischen Kompass' auf den Weg gebracht: EU-Mitgliedsstaaten tauschen sich auf Grundlage einer Bedrohungsanalyse gezielt über Fragen der Sicherheit und Verteidigung aus und geben sich eine gemeinsame Richtung. Auch bei der sog. ‚Ständigen Strukturierten Zusammenarbeit' hat Deutschland langwierige Verhandlungen erfolgreich abgeschlossen: Künftig können sich auch Nicht-EU-Mitglieder an entsprechenden Sicherheits- und Verteidigungsprojekten der EU beteiligen. Das stärkt auch den europäischen Pfeiler der NATO und die Zusammenarbeit zwischen EU und NATO insgesamt. Doch Konflikte lassen sich nie allein durch militärische Mittel lösen – für nachhaltigen Frieden fördert und stärkt Deutschland das zivile Krisenmanagement als zentralen Teil der Gemeinsamen Europäischen Außen- und Sicherheitspolitik. Mit der Gründung des Zentrums für Ziviles Krisenmanagement in Berlin leistet die Bundesregierung hierzu einen wichtigen Beitrag. Hier bündeln Mitgliedstaaten der EU gemeinsam mit ihren Partnern gesammeltes Wissen und schulen Personal, um zivile Missionen der EU zu verbessern"
(Quelle: Ständige Vertretung der Bundesrepublik Deutschland bei der Europäischen Union, Januar 2021).

Deutschland führt also *eine Art strategischen Kompass* ein, mehr ist nicht drin für eine tiefgreifende und starke Sicherheitspolitik in Europa. Da werden sich aber die außereuropäischen Mächte wie China oder Russland fürchten! Zudem werden sich vor allem die außereuropäischen Mächte vor dem *Zentrum für ziviles Krisenmanagement* in Acht nehmen, also vor dem Ölzweig im Mund des deutschen Krisenmanagers. Da bin ich aber gespannt über die Ergebnisse dieser Drohkulisse.

Ist das eine Vision von einem zukünftigen Europa mit einer fundierten Sicherheitsstrategie? Fehlanzeige!

Das ist der Beitrag des größten Landes in Europa! Ich finde das beschämend. Das ist das, was die europäischen Bürgerinnen und Bürger nur noch mit einem Glas Cognac oder mit einem Hanfpfeifchen ertragen! Hier wird offensichtlich die nackte deutsche Haut schutzlos den globalen Mächten zum Fraß angeboten.

Einem Deutschland, das zu einem Viertel des europäischen Bruttoinlandsproduktes beiträgt, fallen nur *strategische Kompasse* und *ziviles Krisenmanagement* ein, statt ein klares Statement zu liefern, wie die zukünftige Sicherheitspolitik in Europa aussehen muss.

Wie müssen sich die europäischen Bürgerinnen und Bürger solche *strategischen Kompasse* vorstellen? Wie in so vielen Fällen bleibt *Mutti* auch hier im Ungefähren. *Eine Art strategischer Kompass*, ist das ein Kompass, oder ist es nur das Bild eines Kompasses? Ist das eine Illusion oder ein Hologramm von einem Kompass? Es ist *Muttis Illusion* von einer (europäischen) Vision, die sie uns vorgaukelt, weil sie keine hat! Sie will wahrscheinlich auch gar keine haben, vermute ich.

Ich schätze die aktuelle Bundeskanzlerin, Frau Dr. Angela Merkel. Sie ist Physikerin, daher im naturwissenschaftlichen Milieu *schwimmend wie ein Fisch im Wasser*. Sie weiß, wann *Unheil droht, sie kann vom Ende her denken.*

Aber sie kann keine Vision von Europa und der EU entwickeln. Ich kann nicht glauben, dass Frau Merkel kein Interesse an Europa hat. Sie ist intelligent, lässt aber Europa im Stich. Warum?

Ihre Sicherheitspolitik besteht darin, unsere mächtigen globalen Wettbewerber zu verunsichern, sie greifen nach dem Kompass, greifen aber ins Leere. Das wäre eine ganz hinterhältige Sicherheitstaktik von *Mutti*. Dieser *Kompass* wäre also die Illusion eines potemkinschen Dorfes. *Mutti* zeigt die Attrappe eines potemkinschen Dorfes, das eigentlich gar nicht existiert – und mögliche Aggressoren schießen ins Leere.

Die letzte Taktik stimmt! In Deutschland schießen mögliche Gegner ins Leere, weil es keine Verteidigung gibt! Mögliche Aggressoren brauchen nicht zu schießen, sie bekommen unser wirtschaftlich starkes Land auf dem Präsentierteller der deutschen *Sicherheitsblödheit* geliefert.

Liebe junge deutsche Bürgerinnen und Bürger, wenn ihr nicht schnellstmöglich diesen *Polithasardeuren* den Stecker zieht, dann *sehe ich wirklich schwarz für euch*!

Ihr jungen Leute, ihr habt noch das ganze Leben vor euch. Euch wird es treffen, wenn ihr nicht umgehend umzusteuern beginnt. Von den Politikern meiner Generation könnt ihr nichts mehr erwarten, außer den Raub eurer Zukunft!

Das ist das Ziel, welches Ullrich Fichtner im Spiegel vom 23.01.2021 verfolgt: eine zutiefst „Sanfte Macht" ohne jegliche Hard Power, ein *sanftes Schaf* wie Kapitel 7 beschrieben.

Und was noch viel schlimmer ist, das wissen diese miesen Kerle, sie sagen es euch aber nicht, sondern bauen munter weiter an diesen Attrappen, weil sie wissen, dass dieses Kartenhaus nach ihnen zusammenfallen wird – und euch blutig auf die Füße! Und Frau Dr. Merkel spielt mit!

Vielleicht weiß Armin Laschet mehr. Es soll „dem Rheinländer eine engere europäische Integration ein Anliegen sein". Dies schreibt die FAS, vom 24. Januar 2021, auf Seite 19. Darüber

hinaus erläutert der Autor: „Der Schreibtisch, an dem Merkel und der französische Präsident Emmanuel Macron in seiner Heimatstadt den Aachener Vertrag unterschrieben [haben], den hat er sich in sein Arbeitszimmer in der Düsseldorfer Staatskanzlei stellen lassen"
(Quelle: FAS, 24.01.2021, S. 19, Wirtschaft).

Vielleicht inspiriert die Aura des Schreibtisches Herrn Laschet zu neuen Gedanken für ein starkes Tandem Deutschland-Frankreich. Wir alle können nur hoffen. Oder ist da nur *Wishful Thinking* seitens der FAS zu lesen, weil die Zeitung schon längst das Problem erkannt hat.

<u>Frankreich</u>

Lieber Leser, Sie mögen mir verzeihen, dass ich über Frankreich nicht so detailliert in die Thematik eintauchen kann, weil ich die Tagespolitik Frankreichs nur über die Medien und durch den einen oder anderen Urlaubstrip beurteilen kann. Auch tausche ich mich mit einigen französischen Freunden über politische Themen aus Frankreich aus.

Ich möchte daher mit einer klaren Aussage der französischen Regierung beginnen. Gefunden habe ich sie auf der Plattform des französischen Außenministeriums zum Thema Europapolitik: „Frankreich ist und sieht sich als eine treibende Kraft der europäischen Einigung, durch seine politischen Vorstellungen vom Zusammenwachsen Europas und die immer engeren Beziehungen zu seinen Partnern, in erster Linie zu Deutschland" (Quelle: www.diplomatie.gouv.fr/de/aussenpolitik-frankreichs).

An diesem politischen Statement gefallen mir besonders die Worte „treibende Kraft der europäischen Einigung" und „immer engere Beziehungen, in erster Linie zu Deutschland". Mit dieser Zielsetzung kann ich mir eine europäische Zukunft vorstellen! Chapeau La France! Das nenne ich eine Vision von Europa!

So eine Aussage würde ich mir auch von der deutschen Bundesregierung wünschen. Eine klare Ansage als treibende Kraft (für) eine europäische Einigung, mit immer engeren Beziehungen, in erster Linie zu Frankreich.

Nehme ich die französische Regierung beim Wort, dann möchte sie tatsächlich Richtung europäische Einigung gehen.

Herr Macron ist ein aktueller Taktgeber für mehr Zusammenarbeit zwischen Frankreich und Deutschland. Die vorher genannten zwischenstaatlichen Verträge gehen in der letzten Zeit im Wesentlichen auf sein Konto.

Aber was hält Frankreich auf, den Weg zur Einigung weiterzugehen? Was sind die Knackpunkte, die es zu lösen gilt? Die vorne genannte Aussage des französischen Außenministeriums steht *nicht erst seit gestern* im Internet.

Damit tauchen weitere Fragen auf, die beantwortet werden müssen.

Welche Tiefe einer Einigung strebt Frankreich an? Soll das nur eine monetäre Einigung sein, also eine Schuldengemeinschaft nach dem Motto „aller für alle"? Oder darf es auch eine politische Einigung sein? Ist die französische Regierung bereit politische Macht abzugeben zugunsten einer supranationalen Regierung? Wie sieht es mit der Wirtschaftspolitik aus, klebt Frankreich weiterhin an seiner merkantilistischen Wirtschaftsführung, oder öffnet es sich für mehr Wettbewerb? Ist Frankreich bereit den momentan ausgeuferten Staatsdirigismus eindämmen?

Ist Frankreich bereit die Gründung der Vereinigten Staaten von Europa (VSE) mitzutragen? Kann sich Paris vorstellen, Macht an eine andere europäische Stadt abzugeben? Ist der französische Präsident Willens in die zweite Reihe zu treten und große Elemente seiner quasiroyalen Macht (Königs auf Zeit) in die Hände eines Europa-Kanzlers zu übertragen? Ist der *President de la Republique* bereit Repräsentationspflichten an einen übergeordneten Präsidenten der Vereinigten Staaten von Europa abzutreten?

Und vor allem ist der *President de la Republique* bereit, seine Stellung als oberster General der französischen Armee abzugeben zugunsten eines europäischen Verteidigungsministers der Europäischen Verteidigungsarmee? Wird der *President de la Republique* freiwillig den französischen Sitz im UNO-Sicherheitsrat zugunsten der Vereinigten Staaten von Europa übertragen?

Das sind schwierige Fragen, die ins Herz einer jeden mächtigen Person stechen und die es erfordern, nicht nur über seinen eigenen, sondern über viele Schatten der Vergangenheit zu springen und das auch für jeden weiteren *President de la Republique* durchzusetzen?

Spätestens jetzt packen mich erhebliche Zweifel, ob der französische Präsident und seine Regierung das auch wirklich so meinen, wie es auf der Plattform des französischen Außenministeriums geschrieben steht. Leider bestärken mich die Zweifel, wenn ich folgendes bei Wikipedia über die Europa-Partei VOLT zur Europawahl 2019 lese:

„In Frankreich, Italien, Österreich und Portugal wurde die Partei nicht zur Wahl zugelassen. In Frankreich konnten die dort notwendigen 800.000 Euro für den Druck der Wahlzettel nicht aufgebracht werden. In Italien scheiterte die Partei an den benötigten 150.000 notariell beglaubigten Unterstützer-Unterschriften. Auch in Portugal und Österreich wurden die 7.500 bzw. 2.600 erforderlichen Unterstützerunterschriften nicht erreicht."
(Quelle: Wikipedia, VOLT-Europa, Europa-Wahl 2019)

Da verordnet die französische Wahlkommission 800.000 € für *Wahlzetteldruck*, um an einer Wahl teilnehmen zu können. Wie soll je eine junge Partei so viel Geld aufbringen, um an einer Wahl teilnehmen zu können. Das ist Diskriminierung in der schlimmsten Version, weil dadurch finanziell schwächere Gruppen und Parteien vollständig ausgeschlossen werden. So etwas ist visionslos, partikulär und schlicht europafeindlich.

Lieber Herr Macron, ich wende mich jetzt direkt an Sie, weil ich den Eindruck habe, und bitte enttäuschen Sie mich jetzt nicht, dass Sie für ein Vereintes Europa eintreten wollen. In (fast) jeder Rede kommt das bei Ihnen zum Tragen, sodass ich davon ausgegangen bin, dass Sie ein Vereintes Europa auch wirklich voran bringen wollen.

Bitte öffnen Sie die *Französische Grand-Suite* in unserem gemeinsamen *Europäischen Grand Palais* und bauen Sie die Türschlösser und Fensterriegel ab. Bitte reißen Sie die Türen auf und lassen *frischen Europäischen Wind in Ihre Suite* hinein und unterstützen damit den Wiederaufbau unseres wunderschönen Schlosses.

Lieber Herr Macron, ich bin überzeugt, dass Sie in die Riege der Großen Europäer aufgenommen werden, wenn Sie die vielen kleinen und großen nationalen Fallstricke in Frankreich verringern oder gar beseitigen wollen, um zu einem großen und einheitlichen Europa zu kommen!

Europa ist ein so wunderbarer Kontinent, die Vereinigten Staaten von Europa eine so große Idee, bitte lassen Sie sie nicht *im Treibsand des nationalen Klein-Klein* untergehen!

Sie, lieber Herr Macron, haben die Wahl als nationaler Kleinkönig in der staubigen Asservatenkammer der europäischen Geschichte einen Platz zu finden oder als großer Europäer in die europäische Geschichte einzugehen. Sie und nur Sie entscheiden das! Heben Sie den Daumen für Europa und lassen sie ihre nationalen Hinterbänkler hinter sich.

Ich fände es schön, allein es fehlt der Glaube; ich bin in diesem Fall der *ungläubige Thomas in der Bibel*, der es erst glaubt, wenn Frankreich und Deutschland die Vereinigten Staaten von Europa besiegeln. Es fehlt mir der Glaube, dass die aktuellen politischen Eliten in Frankreich diesen tiefgreifenden Machtübergang durchwinken werden. Ich liege nicht ganz falsch, wenn ich behaupte, dass es noch lange brauchen wird. Ich glaube, dass es mindestens eine weitere Generation dauern wird. Meines Erachtens sind die lobenswerten Worte Macrons leider mehr ein *Lippenbekenntnis* als eine wirklich gewollte Zukunft!

<u>Beispiel FCAS (Future Combat Air System)</u>

Die aktuellen Gespräche beteiligter deutscher und französischer Firmen über die strategische Zusammenarbeit im FCAS lassen einen kleinen Einblick geben, was die französischen Eliten unter *Zusammenarbeit* verstehen.

Nach allem, was die Zeitungen aktuell schreiben, stehen die Verhandlungen an einem Kipppunkt, ob überhaupt weiterverhandelt werden soll. Hintergrund ist wohl das finanzielle und strategisch/politische Ungleichgewicht hinsichtlich der Aufgabenverteilung zwischen Dassault und Airbus. Airbus wird von deutschen und französischen Eigentümern erhalten, während Dassault ausschließlich französisch dominiert ist – und obendrein der französische Staat direkt mit Anteilen *mitregiert*.

Nach meinem bürgerlich einfachen Verständnis besteht der Knackpunkt nun darin, dass die wesentliche Steuerungselektronik allein von Dassault erstellt werden soll, während Airbus nur *die Hülle*, also die technisch/mechanische *Blechkonstruktion* liefern soll. *Das Hirn der Bordelektronik* soll komplett in rein französischen Händen bleiben, inklusive der kompletten Steuerung weiterer Systeme wie Drohnensteuerung usw. Deutschland wäre also komplett von der modernen Technik abgeschnitten. Das wäre *der Wunsch der französischen Eliten*!

Wie zitiert Konstantin von Hammerstein im aktuellen Spiegel Nr. 8 vom 20.02.2021 den französischen Politiker Christian Cambon mit den Worten: „Es muss doch allen bewusst sein, dass dieses gemeinsame Flugzeug (FCAS) Atomwaffen und damit unsere nukleare Abschreckung transportieren wird. Das ist ein sehr sensibler Bereich. (…) General Gerhartz [deutscher General, Anmerkung von Rodolfo] verlangt einen vollständigen Transfer der Technologien, die Dassault beim Bau des Kampfflugzeugsystems FCAS einsetzt. [Warum nur] sollte Dassault sein Know-How, das in diesem Fall die nationale Souveränität betrifft, mit anderen teilen?" Darüber hinaus zitiert er auch Florian Phillipot vom Front National: „Was Deutschland anstellt, um Frankreich auszuplündern! Verlassen wir das deutsche Imperium!"

Fassen wir also zusammen: Die französischen Eliten sprechen von einem *plündernden deutschen Imperium* und, dass *die gemeinsamen FCAS-Flugzeuge Atomwaffen transportieren, (um) unsere (nationale französische) nukleare Abschreckung (zu gewährleisten)*. Die französischen Eliten wollen also Hunderte Milliarden (man spricht von einer Gesamtsumme von ca. 300 Mrd. Euro bis zum Jahr 2040) von Deutschland finanziert bekommen, damit die (Atom)Waffensysteme die französische

Souveränität gewährleisten sollen. Das *plündernde Deutschland* (Phillipot) soll also *still sein und zahlen!*

Ist es das, was Herr Macron zusammen mit seinen Eliten *„vom Zusammenwachsen Europas und die immer engeren Beziehungen zu seinen Partnern, in erster Linie zu Deutschland"* versteht? Deutschland soll *grob formuliert zahlen und Maul halten!*

Ich denke, liebe junge europäische Franzosen, das ist sicherlich auch nicht eure Meinung von einem vereinigten Europa. Da rotzen die *alten nationalen Untoten*, die (leider) noch eine Weile *ihren verbalen Unrat absondern* werden. Haltet euch fern von *diesen Zombies*, lasst sie sterben und steckt sie in die tiefste Asservatenkammer Frankreichs, wo sie dort verstauben können.

Mit dieser extremen Nationalstaatsdenke wird die EU von heute unser europäisches Frachtschiff nicht einen Millimeter voranbringen. Bei diesem innereuropäischen Streit reiben sich die außereuropäischen Mächte inklusive England die Hände und rufen laut zu: „Weiter so EU!"

Es ist schon ernüchternd und lässt einen verzweifeln. Es ist immer das gleiche - die *Staateritis*, diese unsägliche europäische Erbkrankheit, die uns lähmt und uns an unserem Vorankommen immer wieder ein Bein stellt.

Frankreich hat eine *Idee* von Europa, aber all *diese europäischen Ideen* sollen auf Kosten der anderen EU-Länder gehen.

Es hat diesen *Hauch von französischer Arroganz*, der da entgegenweht, wenn die französischen Eliten Ideen entwickeln, die die anderen bezahlen sollen.

Zu diesem leidvollen Thema fällt mir ein Kalauer ein, den mir einst ein freundlicher Kollege erzählte, der eine französische Mutter und einen deutschen Vater hatte: „Franzosen (in diesem Fall wieder die Eliten) haben große Ideen, aber leider kleine Hände!"

Und so, liebe junge französische Bürgerinnen und Bürger, geht es euch wie euren jungen deutschen Kolleginnen und Kollegen auch. Es werden große Worte geschwungen, es werden Versprechen in die Zukunft gemacht, aber wenn ihr hingeht und die Dinge hinterfragt, dann werden verbale Windungen gemacht, dann wird auf andere Themen gelenkt, und dann werden diese Versprechen einfach wieder eingesackt, dann wird beleidigt und es werden Schuldige gesucht.

SO KOMMEN WIR NICHT WEITER!

<u>Die EU braucht Führung und Vision (Leadership)</u>

Wir Europäerinnen und Europäer haben „leadership" dringend nötig und unser Europa, unsere EU, braucht dringend eine Führung, die mit Ideen und Visionen uns alle in die Zukunft führt. Wir brauchen EINE REGIERUNG (und nicht 5, 10 oder 27), zu der wir Vertrauen haben können. Wir brauchen die Vereinigten Staaten von Europa!

Wir brauchen ein führungsstarkes Europa, das die zukünftigen globalen Herausforderungen rechtzeitig erkennt und beherzt anpackt. Wir brauchen eine europäische Führung, die uns Bürgerinnen und Bürgern Sicherheit gibt und *nicht nur eine Art Kompass vorgaukelt.*

Wir Europäerinnen und Europäer wissen aber auch, dass sowohl Deutschland als auch Frankreich als einzelne Nationen keine Großmächte mehr sind, sondern nur noch mittelgroße Länder, die keine Chance haben, langfristig gegen die großen außereuropäischen Mächte zu bestehen. Deshalb sind Frankreich und Deutschland geradezu verpflichtet und aufeinander angewiesen gemeinsam zu handeln.

Liebe junge Deutsche und Franzosen, ihr werdet es sein, die dieses notwendige und wichtige Thema anfassen. Deshalb kann ich euch nur wünschen, dass ihr euch zusammentut, supranationale Parteien gründet und den Weg durch die deutschen und französischen Instanzen geht. Seid die Vorhut, bildet den (wirklichen) Kompass für die jungen Menschen in den anderen europäischen Ländern. Sie werden es euch danken und euch folgen, davon bin ich zutiefst überzeugt. Gründet eine europäische Partei, gebt ihr einen griffigen Namen, entwerft eine Flagge und marschiert los!

Und wie bereits in Kapitel 10 beschrieben, werdet ihr diesen Weg (vorerst) allein gehen müssen. Mit der Zeit werden euch mehr und mehr junge (und sicherlich auch viele ältere) Menschen folgen, weil sie erkennen, dass eure Vision in die richtige

Zukunft führt, weil sie fühlen, dass eure Ideen der *rote Faden* sind, an dem sie sich orientieren können.

13.0 DIE NATO, DIE USA UND DIE EU/VSE

„Worte sind einfach, aber es sind die Taten, die zählen. Und für seinen eigenen Schutz muss Europa - und ihr wisst das, jeder weiß das, jeder muss es wissen - muss Europa mehr tun."
(Donald Trump, US-Präsident)

Über viele Jahrzehnte hinweg bis 1990 war die NATO (North Atlantic Treaty Organization) das führende militärstrategische Verteidigungsbündnis des Westens, gegründet als Gegenbündnis zum sowjetkommunistischen Warschauer Pakt. Die NATO unter der hauptsächlichen Führung der USA war der Garant unseres westlichen Friedens, argwöhnisch beäugt von den Warschauer Pakt Staaten. In großem Stil und mit viel Aufwand schützten die USA Westdeutschland vor möglichen Angriffen aus dem Osten. Es war ein Schreckensbündnis auf beiden Seiten diesseits und jenseits des *Eisernen Vorhangs*. Waffenstarrend und grimmig standen sich die beiden Pakte gegenüber. Bis 1990 waren die beiden Deutschland BRD und DDR besetzte Gebiete, im Westen von den USA, Frankreich und Großbritannien und im Osten von der Sowjetunion. Hätte es Krieg gegeben, was Gott sei Dank nie passiert ist, dann hätte er auf deutschem Boden stattgefunden. Man mag sich nicht vorstellen, was das für die beiden Deutschland bedeutet hätte. Truppenübungen mit simulierten atomaren Angriffen führten die möglichen Vernichtungsszenarios vor Augen. Es waren schreckliche Bilder!

Gott sei Dank ist keines der Untergangsszenarios Wirklichkeit geworden, die Welt wäre heute nicht so wie sie ist.

Die NATO unter der Führung der USA haben Europa und im besonderen Deutschland einen langen und sicheren Frieden beschert; Deutschland hat den USA viel Gutes zu verdanken, das ist gewiss. Ohne die USA wären Deutschland und viele weitere Länder in Europa nicht dort, wo sie heute sind.

Amerikanische Präsidenten wie J.F. Kennedy, aber auch die meisten anderen Präsidenten waren Deutschland immer wohl gesonnen und hielten die schützende Hand über das Land. Ich habe heute noch die Worte Kennedys im Ohr: „Ich bin ein Berliner" oder Ronald Reagans Ruf vor der Berliner Mauer 1987: „Mr. Gorbachev, tear down this wall!" oder George H. Walker Bush, der 1990 zu jeder Zeit ein großer Freund Deutschlands war und die Wiedervereinigung intensiv unterstützte.

Das muss man wissen, will man verstehen und nachvollziehen, warum sich auch das heutige Deutschland immer noch nach dieser schützenden Hand sehnt.

Und es sind viele in Deutschland, die sich als bekennende *Transatlantiker* für die Aufrechterhaltung dieses Zustandes einsetzen. Einerseits ist das aufgrund der „US-Rundumlebensversicherung" und andererseits aufgrund der beträchtlichen Geschäfte mit den USA. Es spricht auch nichts dagegen, wenn sich die Rahmenbedingungen nicht verändern.

Von den USA als das *Hotel Mama*, dem Traum europäischer *Trittbrettfahrer* und dem Alptraum *linker Gutmenschen*

Liebe junge Europäer, ich bin überzeugt, dass jeder von euch Freunde und Kollegen kennt, die erwachsen und selbst schon längst mit ihrer Ausbildung fertig sind, arbeiten gehen und ihr Geld verdienen, die sich selbst ernähren könnten, aber trotzdem immer noch bei ihren Eltern wohnen.

Gerne lassen sie sich von *Mutti* bekochen und ihr Zimmer von ihr aufräumen. Das ist praktisch, der Papa kümmert sich um das Auto, wechselt die Reifen und steckt vielleicht den einen oder anderen *Zehner fürs Tanken* zu. Die Stromrechnung und Heizung übernehmen die Eltern. Vielleicht trägt der eine oder andere einen *kleinen Obolus* zu den Gesamtkosten bei. Und vor allem für die manchmal teure und aufwändige Wartung und Instandhaltung des Hauses ist man grundsätzlich nicht zuständig, das macht der Papa. Vor allem richtet es der Papa auch, wenn der Nachbar sich beschwert und möchte, dass die Hecke geschnitten wird oder der Nachbar seinen Müll vor Papas Grundstück stellt.

Man braucht sich um nichts zu kümmern. Da lässt sich´s traumhaft leben. Ab und zu gibt es Knatsch, weil der Papa vielleicht die Mithilfe im Garten anmahnt, oder *Mutti* erwartet, dass das Kind mal den Abwasch macht, aber im Großen und Ganzen können es sich die *Jungs und Mädels* gut gehen lassen. Frei von allen Sorgen eventueller nachbarschaftlicher Ärgernisse.

Außerdem hilft oft *Papas langer Arm*, wenn das eine oder andere Amt aufzusuchen wäre. Zum Beispiel, wenn die (erwachsenen) Kids einen neuen Pass brauchen, um ein Visum für eine Auslandsreise zu beantragen oder das Auto einen TÜV benötigt.

So richten sich viele erwachsene *Jungen und Mädels* wohlig zu Hause ein, befreit vom lästigen Alltagskram. Morgens vor der Arbeit stellt *Mutti* das Frühstück auf den Tisch und abends wartet sie mit dem Abendessen. Die Kids haben nur eine Sorge und die ist genug Geld zu verdienen, um sich den Luxus wie Reisen, Autos, oder anderen jugendlichen Spaß leisten zu können. Undankbare Kinder schimpfen dann noch über das kleine Haus der Eltern, oder das unmögliche Dorf weit draußen *im platten Land, wo sich Fuchs und Hase gute Nacht sagen.*

Und so fühlt sich das Verhältnis der Deutschen und vieler anderer Europäer gegenüber den USA an. Es hat etwas Beruhigendes, wenn *der Papa und die Mama* (die USA) die Hände schützend über ihre *Kinder* (Europas Nationalstaaten) halten. Man fühlt sich geborgen, man hat ein sicheres Nest und weiß, dass einem nichts passieren kann.

Und der große Vorteil für uns Europäer ist, dass wir frei von Gefahren weltweit unseren Geschäften nachgehen können. Wir sparen uns das Geld für Waffen und lassen uns von den US-amerikanischen Soldaten und deren Waffen beschützen.

Dafür riskieren manche *linke Gutmenschen* eine kesse Lippe, indem sie die USA wegen ihrer Waffengeschäfte beschimpfen, aber diese kesse Lippe können sie nur riskieren, weil sie von den USA im weitesten Sinne beschützt werden. Aus dem sicheren Bunker heraus kann der kleinste Knirps rufen: „Frieden schaffen mit immer weniger Waffen!"

Ich möchte wissen, ob unsere *Gutmenschen* weiter so rufen würden, wenn Putin vor unseren Städten stehen würde und dabei wäre unser Land einzukassieren. Wo war die kesse Lippe der *Gutmenschen,* als Putins grüne Männlein die Krim einkassierten?

<u>Die Änderungen der Rahmenbedingungen nach 1990</u>

Die Rahmenbedingungen haben sich geändert, und zwar grundlegend. Die Zeit ist in Europa nach 1990 nicht mehr dieselbe wie vor 1990. Das äußere Bedrohungsszenario hat sich radikal gewandelt.

Russland ist zwar nicht mehr die waffenstarrende Sowjetunion von vor 1990 und kann heute wirtschaftlich nicht mit Europa und schon gar nicht mit den USA mithalten, aber es hat wieder enorm aufgerüstet und mischt mittlerweile kräftig in allen Konfliktherden mit, Stichwort Syrien oder auch Libyen. Nicht zu vergessen, der Raub der Krim!

Und China, das 1990 noch fast ein Entwicklungsland war, hat sich während der letzten 30 Jahre mächtig entwickelt:

China, BIP in Mrd. USD		
Bruttoinlandsprodukt (BIP)		
Quelle: Statista		
Jahr		BIP (Mrd. USD
1990		397
1995		731
2000		1.206
2005		2.290
2010		6.034
2015		11.114
2019		14.402

Tabelle: Rodolfo Di Telo
Datenquelle: Statista

China hat seine Wirtschaftskraft in den letzten 30 Jahren um das 36-fache gesteigert! Was für eine enorme Anstrengung und Leistung! Aber der *chinesische Drache* ist nicht mehr *der Gut(e) Mensch von Sezuan* (Bertold Brecht) geblieben, sondern hat sich zu einem veritablen Aggressor entwickelt. Hongkong, die Uiguren und Taiwan lassen erahnen, was mit aufmüpfigen Regionen passiert.

Egal, wohin man blickt, China ist auf dem *globalen Weg* unterwegs. Ob in Asien, Afrika oder durchaus auch in Europa, China versucht seine, mittlerweile wirtschaftliche, Überlegenheit durch aggressive militärische Muskelspiele zu verstärken. Ein Beispiel dafür ist im chinesischen Meer, in dem es diverse *Ansprüche* stellt und diese mit militärischen Mitteln unterstreicht.

Auch die USA haben nach 1990 verständlicherweise ihren Wirtschafts- und Militärkompass neu justiert. Sie haben ihre Verteidigungsausgaben reduziert und gleichzeitig gefordert, dass die Europäer ihre Verteidigungsausgaben hochfahren. Es ist richtig, dass die Europäer mehr für ihre eigene Verteidigung tun sollen und müssen. Schließlich sind die Europäer mit die großen Profiteure durch den Zerfall des Sowjetkommunismus geworden, den die USA durch ihre Treue zu Europa maßgeblich beeinflusst haben, weil sie immer an der Seite Europas gestanden sind.

Aber die USA haben im Laufe der letzten Jahrzehnte ihre globalen Akzente verschoben. Sie haben sich von Europa entfernt und sich mehr Asien zugewandt, was das gute Recht eines jeden Landes ist. So mancher europäische Politiker hat dabei die *beleidigte Leberwurst* gespielt und *wie ein trotziges Kind* reagiert, weil es sich *von Papas und Mamas (USA) Liebe* entzogen fühlte.

Gleichzeitig erwarteten viele europäische Länder, immer ganz vorne dabei Deutschland, dass die USA weiterhin den *Weltpolizisten und Schutzengel* Europas spielen sollten, um ja nicht selbst für die eigene und bequeme Sicherheit sorgen zu müssen. Das liegt daran, dass viele von ihnen, meistens die (vermeintlichen) *Gutmenschen*, die „Schwerter zu Pflugscharen (umschmieden)" wollten. Besser von vorneherein *keine Schwerter* anschaffen, dann muss man sie *auch nicht zu Pflugscharen (umschmieden)*, so die landläufige Denke. Das war, und ist auch heute noch, nur eine Ausrede. Die *Gutmenschen wollen sich nicht die Finger schmutzig machen,* sondern erwarten das weiterhin von den USA. Die *Gutmenschen* (fast ausschließlich von der linken Denkrichtung der Gesellschaft) wollen *die guten Menschen spielen* und die *sicherheitsmäßige Drecksarbeit* von anderen machen lassen.

Des Weiteren wollen diese *linken Gutmenschen* nicht, dass wir wieder lernen *Schwerter zu schmieden*, sondern nur die *fetten und wohlgenährten Schafe* bleiben, um unsere *teure Wolle kostenlos* an unsere Osteuropäischen Nachbarländer abzugeben. Wie schreibt Herr Gabriel, ehemaliger SPD-Parteivorsitzender im Tagesspiegel vom 09.07.2018 dazu: „Deutschland soll seine EU-Partner bei der Aufrüstung unterstützen" und weiter „Wie wäre es also, wenn Deutschland Schritt für Schritt 1,5 Prozent in seine eigene Verteidigungsfähigkeit investiert und 0,5 Prozent in die (Ost)Europas?" Herr Gabriel will also nichts anderes, als dass wir *Cash* an unsere (osteuropäische) Nachbarländer überweisen, wir sollen also an so korrupte Länder wie Polen, Ungarn, Slowenien und andere, solche also die die Rechtsstaatlichkeit sowie die Freiheit der Medien mit Füßen treten, *einfach so* Milliarden *nachwerfen*. Das ist also das, was *unsere linken Gutmenschen* wollen. Ich frage mich manchmal, für wie blöd uns diese Politiker denn halten, dass wir das als Wähler mittragen sollen. Das grenzt schon an persönliche Beleidigung von uns wählenden Bürgern. Solche Parteien kann man doch mitnichten überhaupt wählen, die verraten permanent unser Land, weil sie unfähig sind Visionen/Ziele für unser Land zu entwerfen!

Anders herum wird ein Schuh daraus, wir müssen wieder in Deutschland, zusammen mit anderen EU-Ländern, die Verteidigungsindustrie (zusammen mit Frankreich) reaktivieren und unser Wissen schärfen und wir können dann, ähnlich wie die USA bei uns, die osteuropäischen Länder sicherheitsmäßig unterstützen. Nur Geld nach Osten zu transferieren, einen Blankoscheck also, das stärkt nur die lokalen Oligarchen und Diktatoren, ohne dass die lokale Bevölkerung auch nur einen einzigen Euro davon sehen würde.

Aber die USA wollen nicht mehr der Polizist und alleinige Beschützer in Europa sein und für alle und alles die amerikanischen Köpfe hinhalten sowie US-Dollar zur Sicherheit Europas ausgeben.

Die neue strategische Ausrichtung der USA ist *nicht plötzlich vom Himmel gefallen,* sondern hat sich schon über Jahre und Jahrzehnte angebahnt. Bereits zu Busch Sohns (GW Busch II) Zeiten kehrte Ernüchterung gegenüber Europa ein und sein Nachfolger, Barack Obama, führte eine starke Kehrtwendung durch. Das lag daran, dass die beiden Irakkriege sowie der Afghanistankrieg enorme Summen verschlangen und die USA bei den Militärausgaben sparen mussten.

Da lag es für die USA verständlicherweise politisch auf der Hand, dass Europa größere Beiträge für die Eigensicherheit, und damit für die NATO, aufbringen sollte. Und so wurde bereits 2002 und dann 2014 definitiv das „2%"-Ziel vereinbart: Alle NATO-Länder sollen ca. 2% des BIP (Bruttoinlandprodukts) für Sicherheit aufbringen.

Obama pochte in einem moderaten Ton bei den Europäern auf höhere Eigensicherheitsleistungen. Aber es änderte sich wenig bei den europäischen Verteidigungsausgaben und so plätscherten die Gespräche zwischen den Europäern und den USA dahin.

Europa entwickelte *taube Ohren*, was die Verteidigungsausgabe anbelangten, bis ein neuer US-Präsident 2016 die Bühne betrat und mit „America first" *neue Töne*, auch gegenüber den Europäern, anschlug. Für viele Europäer kam das wie *der Vertreibung aus dem Paradies* gleich, jahrzehntelange Freunde wurden auf die Ebene von Schurkenstaaten gestellt. Aber vor allem sahen viele das *Hotel Mama-USA* in Gefahr. Donald Trump führte nur die Politik der USA fort, im Ton unerträglich und absolut inakzeptabel, aber inhaltlich richtig; die Europäer müssen mehr für ihre eigene Sicherheit tun!

Erst seit Trumps Brachialauftritt haben viele europäische Länder überhaupt begriffen, was auf dem Spiel steht und wo sie sich *bewegen* müssen. Die folgende Tabelle zeigt den monetären *Wert der eigenen Sicherheit* für einzelne europäischen Länder.

Militärausgaben zum BIP 2019, Bruttoinlandsprodukt (BIP), ausgewählte EU-Länder Quelle: Statista	
Land	**Prozent vom BIP**
USA (zum Vergleich)	3,42
Frankreich	1,84
Großbritannien	2,14
Deutschland	1,38
Estland	2,14
Lettland	2,01
Litauen	2,03
Polen	2,00
Norwegen	1,80
Slowakei	1,74
Portugal	1,52
Niederlande	1,36
Dänemark	1,32
Italien	1,22
Ungarn	1,21
Tschechien	1,20
Slowenien	1,00
Spanien	0,92

Tabelle: Rodolfo Di Telo
Datenquelle: Statista

Die Tabelle zeigt, dass die Militärausgaben unterschiedlich sind; grob, je näher an Russland, umso höher sind die Ausgaben. Das zeigt deutlich die Angst vor dem *russischen Bären.*

Auch ist es überdeutlich, dass die Europäer immer noch gerne die schützende Hand der USA behalten wollen, aber selbst *zurückhaltend* sind, was deren Beiträge anbelangt.

Gut, Trump ist (momentan) Geschichte, aber die unzureichenden Sicherheitsbeiträge vieler europäischer Länder sind es nicht! Jetzt ist Joe Biden am *Ruder*, aber auch er wird bei den Europäern höhere Sicherheitsleistungen einfordern; im Ton sicherlich ähnlich moderat wie Obama, aber dafür umso beharrlicher. Das ist nachvollziehbar und gut so!

Europa muss erwachsen werden und kann sich nicht mehr gemütlich im *Hotel Mama und Papa-USA* einrichten und sich von den USA den Frieden sichern lassen!

Europa ist geradezu verpflichtet mehr für die eigene Sicherheit zu tun. Wer garantiert uns Europäern, dass nach Biden nicht doch wieder Trump oder ein Trump-ähnlicher Typ die US-Bühne betritt? Niemand kann das und deswegen müssen wir Europäer schlicht unabhängiger von den USA werden. Der Überfall Trump-treuer Partisanen auf das Kapitol zeigt, welche innenpolitische Sprengkraft in der US-Gesellschaft steckt. Wir haben mit Joe Biden momentan sicherlich einen europafreundlichen Partner in den USA, um mit ihm zu einem gedeihlichen Miteinander zu kommen und unsere Beziehungen wieder ins rechte Lot zu bringen. Aber niemand weiß, wer nach Biden kommt. Das *Hotel Mama und Papa-USA* ist endgültig vorbei und kommt nicht mehr wieder.

Das muss es auch gar nicht. Ein paar Vergleichszahlen verdeutlichen das krasse Missverhältnis bei den Verteidigungsausgaben.

Ich habe hier zwei Tabellen eingefügt. Die eine Tabelle zeigt die aktuellen Ausgaben verschiedener Länder im Vergleich zu anderen Mächten und die andere Tabelle zeigt die Verteidigungsausgaben, die sich Deutschland seit bald 30 Jahren *leistet.*

Verteidigungsausgaben zum BIP 2019, Bruttoinlandsprodukt (BIP), ausgewählte Länder	
Quelle: Statista	
Land	Prozent vom BIP
Israel	5,3
Russland	3,9
USA	3,4
China	1,9
Europa:	
Frankreich	1,9
Großbritannien	2,1
Deutschland	1,4

Tabelle: Rodolfo Di Telo
Datenquelle: Statista

Während sich Russland, China und die USA sowie auch Frankreich ordentliche Ausgaben für Sicherheit leisten, liegt Deutschland abgeschlagen im untersten Feld.

Die *Gutmenschen* jubeln sicherlich über diese Zahlen, wollen aber nicht wahrhaben, dass sie an dem Ast sägen, auf dem sie sitzen!

Verteidigungsausgaben zum BIP			
Quelle: Statista			
Deutschland		Frankreich	
Jahr	Prozent vom BIP	Jahr	Prozent vom BIP
1991	2,0	1991	
1995	1,5	1995	
2000	1,4	2000	
2005	1,3	2005	
2010	1,3	2010	2,0
2015	1,1	2015	1,9
2019	1,3	2019	1,9

Tabelle: Rodolfo Di Telo,
Datenquelle: Statista

Der *schlanke Fuß* deutet sich in Deutschland seit bald 30 Jahren an. Kein Wunder, dass sich andere Länder, speziell die USA, darüber ärgern. Deutschland möchte immer noch *im Hotel Mama USA nassauern.*

Die Einstellung der deutschen *Gutmenschen* ist frech, finde ich.

<u>Quo Vadis NATO? Wohin steuert die NATO heute?</u>

Ich glaube, diese Frage stellen sich viele – und finden keine Antwort, oder haben sie schon, wollen sie aber nicht verraten. Eine Antwort auf diese Frage wäre einen Millionenjackpot wert. Aber es gibt dazu keine aktuelle Antwort, weil die Antwort auf die Frage, wohin die NATO aktuell steuert, nach meinem Verständnis tief in unserem europäischen Wesen zu suchen ist – nicht im Wesen der US-Amerikaner.

Wir Europäer und die Amerikaner wollen die NATO, aber nicht so, wie sie momentan ist. Ist die NATO überhaupt noch notwendig? Macron zum Beispiel bezeichnete die NATO als „hirntot". Ist sie das?

Die aktuelle NATO hatte nach meinem Verständnis bis 1990 ein klares Ziel, eine tatsächliche Vision! Alle, Europäer wie die USA, hatten mit der (negativen) Vision des *sowjetkommunistischen Gespensts*, mit dem Gespenst des 20. Jahrhunderts also, einen klar erkennbaren Feind, greifbar und begreifbar; das Gespenst war „das Reich des Bösen" (Reagan) schlechthin. Auf Basis dieser „Vision" konnten sich alle westlichen Länder vereinen.

Es war wie so oft in der Vergangenheit in Europa. Nur bei gravierenden europäischen Bedrohungen fanden europäische Länder zusammen, um sich des Feindes zu erwehren.

Zum Beispiel bei dem Angriff der Hunnen unter Attila im fünften Jahrhundert fanden sogar germanische und spätrömische Truppen zueinander und konnten die Hunnen letztlich im Jahr 451 besiegen (Schlacht auf den katalaunischen Feldern). Oder später im achten Jahrhundert als die Mauren das christliche Europa überrennen wollten, aber im Jahr 732 in einer geschichtsträchtigen Schlacht bei Tours und Poitier besiegt wurden.

Die Einhegung des Sowjetkommunismus war der Kompass für alle, auch für die linkssozialistisch denkende Bevölkerung. Sogar der rote Willy Brandt, als Berliner Bürgermeister und späterer Bundeskanzler, konnte sich dafür erwärmen, genauso wie ein Helmut Schmidt. Von der CDU gar nicht zu sprechen, da war *klare Kante* gegenüber dem Kommunismus angesagt, ohne Wenn und Aber.

Nur die westlichen Kommunisten blieben stets treu dem Sowjetkommunismus ergeben; die fünfte Kolonne Moskaus funktionierte immer wie ein bestens ölgeschmierter Motor. Diese Kolonne, heute als die Partei DIE LINKE, ist immer noch aktiv. Gerade eben hat Frau Wissler aus Hessen die Parteiführung übernommen. Dazu muss man wissen, dass sie bis vor kurzem Mitglied der *ultralinks/kommunistischen Plattform Marx21* war, eine Gruppierung, die vom Verfassungsschutz beobachtet wird, weil sie *einen anderen kommunistisch/diktatorischen Staat anstrebt*. Man darf also festhalten, dass *die Trolle Putins* die Partei komplett gekapert und übernommen haben, nach der Übernahme des Deutschen Gewerkschaftsbunds (DGB). Man sieht, die *kommunistischen Zombies* sind immer noch quicklebendig. Man muss sich zu jeder Zeit vor ihnen in Acht nehmen.

Mit der Implosion des Sowjetkommunismus war *über Nacht das Gespenst verloren* gegangen. Alle, wirklich alle, hatten keinen Kompass mehr, die Amerikaner nicht und die Europäer auch nicht. Die (negative) Vision war fort, die (negative) Richtschnur war weg! Was nun, ohne Vision, wenn's auch nur eine negative war?

Für die Amerikaner in der NATO war es einfacher. Die Amerikaner, mehr Pragmatiker als Ideologen, wandten sich einem neuen Ziel zu: Asien. Sie erkannten schneller als die Europäer, dass der *neue Feind* im fernen Osten beharrlich und stetig wuchs und stärker wurde. China! Die USA richteten ihren Kompass Richtung Asien aus.

Und die Europäer? Nun sind wir bei der Erkundung des europäischen Wesens angekommen. Was macht das europäische Wesen, wenn es keine äußeren Feinde hat? Was macht das europäische Wesen, wenn es sich mit sich selbst beschäftigen muss? Richtig, liebe Leserin und lieber Leser, es fängt zu streiten an, es balgt sich mit seinen *Brüdern und Schwestern* am Kontinent. Eifersüchtig schaut ein Wesen über den Zaun zum anderen und erblickt neidvolle Dinge, die es auch haben möchte. Es fängt zu stänkern an, es fallen beleidigende Worte und vor gar nicht allzu langer Zeit, da haben sich die europäischen Wesen noch gegenseitig die Köpfe eingeschlagen. So geschehen im Balkankrieg in den 1990ern des letzten Jahrhunderts.

Und dabei ist es bis heute geblieben. Unsere europäischen Wesen streiten sich und erkennen nicht, oder vielleicht schlimmer, sie wollen nicht erkennen, dass ein Feind nach dem anderen wächst und wächst. Erst mit dem Brexit kam ein bisschen Ruhe in den europäischen Streit, weil in der EU erkannt wurde, dass *das Auseinanderdividiert werden* vielleicht doch *nicht der Weisheit letzter Schluss ist.*

Liebe Leserin und lieber Leser, fällt Ihnen etwas auf? Die Situation ist wie im antiken Griechenland!

Das aktuelle Problem der NATO sind nicht die USA, sondern allein die Europäer.

Es ist wie so oft schon festgehalten, liebe junge Europäerinnen und liebe junge Europäer, *die Staateritis*, unsere Erbkrankheit, die uns immer wieder selbst ein Bein stellen lässt. Erst mit der Überwindung unserer Staateritis werden wir Europäer freier, offener und vor allem selbstbewusster leben können.

Meines Erachtens sind wir Europäer es selbst, die die NATO zu einem guten oder zu einem schlechten Ergebnis führen werden, nicht die Amerikaner, nicht ein Joe Biden. Es ist uns selbst anheimgestellt, was wir aus der NATO machen. Die USA folgen sicherlich unseren Ideen zur NATO, aber wir Europäer müssen die Vision schreiben! Die USA werden das sicherlich nicht für uns tun. Dafür ist die NATO für die USA zu unwichtig geworden.

Vor Kurzem las ich in der FAZ, dass die sehr verehrte niederländische Verteidigungsministerin, Frau Bijleveld mit dem (nationalen) Brustton der Überzeugung bemerkte, dass „eine europäische Armee nicht ihr (niederländisches) Ziel" sei.
(Quelle: (Frankfurter Allgemeine Zeitung, vom 04.12.2020 zum Thema, Truppenbesuch beim deutsch-niederländischen Korps in Münster).

Das ist ja genau das, was wir Europäer brauchen, Egoismus! Jeder in Europa schaut nur auf sich selbst nach dem sehr traurigen Motto: „Wenn jeder nur an sich denkt, dann ist auch an alle gedacht". Und alle denken, dass ein Herr Biden es wieder richten wird und wir alle in Europa die fröhlichen Trittbrettfahrer bleiben dürfen. Das ist genau diese *europäische Vision*, die wir alle brauchen. Mit dieser Einstellung sind wir Europäer nicht mehr zukunftsfähig und anderen Mächten ausgeliefert wie einst die Karthager den Römern vor dem dritten punischen Krieg. Für das, was danach passierte, zitiere ich Cato den Älteren:

„Ceterum censeo Carthaginem esse delendam!"

Wir Europäer können nur hoffen, dass sich so eine Geschichte nicht wiederholt! Vorher sollten wir Europäer unsere Nationalstaatspolitiker abwählen und austauschen.

Herr Macron hat Recht, die aktuelle NATO ist hirntot, weil wir Europäer sie hirntot gemacht haben, nicht die USA. Da muss sich aber Herr Macron selbst auch an die Nase fassen.

Liebe junge Europäer, im Grunde brauchen wir die NATO nicht, wenn wir zu Werke gehen und die Vereinigten Staaten von Europa (VSE) als Ziel vor Augen haben. Die VSE sind nämlich dann unsere Sicherheitsgarantie. Die VSE, als selbständiger Bundesstaat, wird die Kraft und Stärke aufbringen uns Europäer selbst zu schützen. Da brauchen wir die NATO in der jetzigen Form nicht mehr.

Die grobe Abschätzung der Verteidigungsausgaben in der folgenden Tabelle von mir, basieren auf den Zusagen des 2%-Ziels der Europäer.

Europa, 2019, BIP + Verteidigung Mrd. Euro						
Land		BIP (Mrd. €)(Quelle: Statista)		Verteidigung (Schätzung Rodolfo)		
				% vom BIP		Mrd. €
EU der 27 Nationen (gesamt), (Quelle: Statista)			13.940	2%		278,8
davon:						
Deutschland		3.440		2%	68,8	
Frankreich		2.420		2%	48,4	
Spanien		1.250	8.860	2%	25,0	177,2
Benelux gesamt (812+474+64 Mrd. €)		1.350		2%	27,0	
Österreich		400		2%	8,0	
					177,2	
Zum Vergleich: (Quelle Wikipedia, Liste der Länder nach BIP):	Kurs:					
USA (ca. 21.430 Mrd. USD)	1,12		19.130	2%		382,6
China (ca. 14.730 Mrd. USD)	1,12		13.150	2%		263,0
Russland (ca. 1.700 Mrd. USD)	1,12		1.520	2%		30,4

(Tabelle: Rodolfo Di Telo, und Abschätzung der Verteidigungsbudgets, Datenquelle: Statista für das BIP)

Die NATO ist nur eine sicherheitspolitische Krücke für uns Europäer, um die USA in unsere, nicht vorhandene, Sicherheitspolitik einzubinden. Die NATO ist nur der notwendige Garant für unsere *linken Gutmenschen*, damit sie keine eigene Sicherheitspolitik betreiben müssen, weil Sicherheitspolitik in ihren Augen *schmuddelig* ist. Sie wollen überheblich in ihren Sesseln sitzen, sich von den Amerikanern beschützen lassen und gleichzeitig aber sich über die Waffengeschäfte der Amerikaner mokieren.

Das einzige, was diesen *visionslosen linken Politruks* wie einem Herrn Gabriel einfällt, ist, dass wir wieder *unsere deutsche Brieftasche* auf unsere Kosten zücken und JEDES JAHR Milliarden an Cash den korrupten und diktatorischen Osteuropäern wie den Orbans, Jansas und Kaczyńskis in den Rachen werfen sollen. Von der linken Seite kommt nur noch *unerträglicher Schwachsinn,* es ist *zum Mäuse melken*! Wo ist Brandt, kann man als Bürger nur noch hilflos rufen?

Neue Aufgaben für die NATO?

Die zukünftige NATO braucht andere, globale Aufgaben. Nach meinem bürgerlichen Verständnis sollte die NATO zukünftig eine globale Friedenstruppe von demokratischen Staaten werden, die im Zusammenspiel aus der (zukünftigen) VSE mit den USA als westlich demokratische und strategische Sicherheitseinheit fungiert (quasi eine neue sicherheitsstrategische UNO). Aber dafür müssen sich die Europäer erst einig werden und politisch zueinander finden.

Die Frage, die dies aufwerfen würde, wäre: Wozu braucht man dann noch die UNO-Sicherheitskonferenz?

Ein Gedanke zur UNO-Sicherheitskonferenz

Dies ist an Herrn Macron gerichtet: Wenn er die NATO für „hirntot" erklärt, dann möchte ich ihn bitten, dass er in gleichem Atemzuge auch die UNO-Sicherheitskonferenz als obsolet betrachtet.

Da sitzen fünf arrogante Abgesandte zusammen, wovon höchstens drei, die USA, China und Russland, die ausreichende Macht besitzen, um über die Welt- und Atompolitik zu sprechen.

Mittlerweile haben Pakistan, Indien, Israel und Nordkorea Atomwaffen. Und die oben genannten fünf wollen urteilen, ob sie das dürfen oder nicht. Es gibt kaum Beschlüsse der UNO-Sicherheitskonferenz, weil immer ein Land blockiert und damit die Diskussionen sinnlos sind. Es ist ausschließlich nur noch ein *Treffpunkt der Eitelkeiten.*

Die Zeit für diese Sicherheitskonferenzen ist abgelaufen. England und Frankreich haben, wenn überhaupt, dort schon längst nichts mehr verloren, sie sind bestenfalls mittelgroße Länder. Da sind andere wie Indien oder Brasilien viel größer oder durchaus auch Deutschland.

Hier, Herr Macron, mein Vorschlag: „Schließen Sie die Türe der UNO-Sicherheitskonferenz und schalten Sie das Licht aus!"

Oder was noch viel besser wäre, Herr Macron:

Sie übertragen den *französischen Erbsitz* auf die neuen Vereinigten Staaten von Europa. Das wäre eine großzügige und wahrlich weltmännische Geste, die sicherlich mehr zum Weltfrieden beiträgt als das überholte Konstrukt. Sie würden dafür auch den Friedensnobelpreis bekommen, da bin ich mir sicher.

Die Engländer haben sich durch den Brexit verabschiedet und werden sich zusätzlich selbst *filetieren*, wie sie einst Österreich nach dem ersten Weltkrieg zerlegt haben. Wozu braucht das *Restbritannien* dann noch einen Sitz im UNO-Sicherheitsrat?

14.0 SCHOTTLAND UND NORDIRLAND

Schon in meinem Buch „Wir Europäer wollen wieder mehr Europa wagen" bin ich darauf eingegangen, dass Europa mehr sein muss als ein *bloßer Verein von Krämerseelen, die mit Gott und der Welt Handel treiben*. Europa muss, trotz aller Verschiedenartigkeit, auch eine gemeinsame Seele mitbringen, Europa muss Europäern immer eine Heimstatt sein.

„Ein wichtiges Teilziel der VSE muss sein, auch in Zukunft offen zu bleiben für willige Länder, genauso wie die USA stets offen waren und sind für Länder, die den US-Staatsideen positiv gegenüber stehen. Und das gilt im Besonderen auch für europäische Länder, die gegenüber der EU und der VSE positiv eingestellt sind, wie Schottland und Nordirland; diesen Ländern müssen die EU und VSE stets offene Arme entgegenstrecken und sie aufnehmen, sobald sie können und wollen. Irland selbst ist ja schon längst in der EU und auch im Euroraum der 19"
(Quelle: Rodolfo Di Telo, „Wir Europäer wollen wieder mehr Europa wagen").

Den Iren und den Schotten wurde in der Vergangenheit oft übel mitgespielt, sodass viele von ihnen ihr Heil in der Auswanderung suchen mussten.

<u>Unsere irischen Mitbürger</u>

Besonders viele Iren verließen im 19. Jahrhundert ihre Heimat, weil sie in diesem Jahrhundert mehreren Hungersnöten ausgesetzt waren und zu Millionen hungerten. In großen Auswandererwellen wanderten sie in die britischen Kolonien, oder in die USA aus, und bauten sich dort ihr neues Glück auf.

Nicht umsonst wohnen heute viel mehr Iren in Übersee als auf ihrer angestammten Insel. Besonders große irische Bevölkerungsanteile befinden sich heute in den USA, Australien und Kanada. Viele davon sind in der neuen Heimat gut gesellschaftlich integriert, haben aber immer noch deutliche Beziehungen zu ihrer alten Heimatinsel. Das zieht sich sogar bis in die Politik hinein.

Das musste zum Beispiel auch Boris Johnson im Jahr 2020 spüren, als er einen völkerrechtlich gültigen Vertrag brechen wollte. Er wollte den verhandelten Austrittsvertrag zwischen der EU und England unterlaufen, indem er die spezielle Nordirlandregelung streichen wollte. Die Regelung besagt, dass Nordirland wirtschaftlich bei der EU bleiben soll, sodass keine Zollgrenze zwischen Irland und Nordirland notwendig wird.

Es dauerte nicht lange und *der lange irische Arm* in den USA rührte sich und zeigte Herrn Johnson klar und deutlich, was die weltweit lebenden Iren von den Hütchenspielen der englischen Eliten hielten, nämlich gar nichts. Einfach grandios! Joe Biden, damals noch Präsidentschaftskandidat erklärte unmissverständlich, dass Johnson sich seinen Handelsvertrag mit den USA *abschminken* kann, sollte er den Vertragsbruch nicht sofort zurücknehmen.

Das nenne ich weltweite Völkerverbindung!

Irische Bevölkerung weltweit, eine grobe Abschätzung	
Stand, Dez. 2020	
Land	Bevölkerung ca. Mio.
Republik Irland	4,6
Nordirland (nur irisch stämmig)	1,8
USA	40,0
Großbritannien (irische Abstammung)	14,0
Australien	7,0
Kanada	4,5
Argentinien	1,0
Mexiko	0,6
Neuseeland	0,6
Iren weltweit, grobe Schätzung	**70-80 Mio.**

Rund 800.000 in Irland geborene Menschen leben in Großbritannien. Rund 14.000.000 Menschen behaupten, irischer Abstammung zu sein.
Die Bevölkerung Irlands beträgt ungefähr 6,3 Millionen, aber es wird geschätzt, dass 50 bis 80 Millionen Menschen auf der ganzen Welt irische Vorfahren haben,

was die irische Diaspora zu einer der größten aller Nationen macht. In der Vergangenheit war die Auswanderung aus Irland das Ergebnis von Konflikten, Hungersnöten und wirtschaftlichen Problemen. Menschen irischer Abstammung leben hauptsächlich in englischsprachigen Ländern, insbesondere in Großbritannien , den USA , Kanada und Australien (Quelle: Daten aus Wikipedia: Iren - Irish people, https://de.qwe.wiki/wiki/irish_people).

Irland selbst ist seit mehreren Jahrzehnten treues Mitglied in der EU. Aber Nordirland gehört zu Großbritannien und wurde in den „Brexit-Strudel" mit hineingerissen, obwohl es gegen den Austritt aus der EU gestimmt hatte wie die mehrheitlich schottische Bevölkerung auch.

Schottische Bevölkerung weltweit, eine grobe Abschätzung	
Stand, Dez. 2020	
Land	Bevölkerung ca. Mio.
Schottland	4,40
USA (rein schottische Abstammung)	5,50
USA (schottisch-irische Abstammung)	3,10
England	0,80
Nordirland	0,80
Australien	2,00
Kanada	4,80
Argentinien	0,10
Chile	0,08
Brasilien	0,05
Neuseeland	0,01
Schotten weltweit, grobe Schätzung	**28-40 Mio.**

(Quelle: Daten aus Wikipedia: Schottische Leute - Scottish people,
https://de.qwe.wiki/wiki/Scottish_people)

Ähnlich wie den Iren erging es auch den Schotten über mehrere Jahrhunderte unter der Regierung der englischen Eliten. Schottland wurde von den Eliten zeitweise selbst behandelt wie eine englische Kolonie. Den Höhepunkt erreichten die Erniedrigungen mit den sogenannten *Highland Clearances* im 19. Jahrhundert.

Während dieser *Clearances* wurden zigtausende schottischer Kleinbauern von ihren Äckern vertrieben, weil die Grundherren die Ländereien anderweitig verwenden wollten, bevorzugt zur Schafzucht.

Viele der schottischen Kleinbauern wanderten dann oft in die Kolonien des *British Empire* aus, um dort ihr Glück zu versuchen. Heutzutage befinden sich schottische Nachkommen vorwiegend in den USA, in Canada und in Australien, aber auch in Neuseeland.

Gerade auf der Südinsel finden sich einige Städte mit schottischen Namen wie Dunedin (der alte gälische Name für Edinburgh) oder Invercargill.

Sowohl Schotten als auch Nordiren wollen in der EU bleiben und haben schon ihre klare Bereitschaft dazu vielfach zum Ausdruck gebracht.

Es liegt nun an der heutigen EU, respektive an der späteren VSE, diesen beiden Ländern ihre Unterstützung zu gewähren, damit sie möglichst schnell aus der englischen Zwangsgemeinschaft entlassen werden.

15.0 DIE VSE ALS ERSTER SCHRITT ZU EINER GLOBALEN VISION

Die Welt wächst zusammen! Der Globus wird immer kleiner, im übertragenen Sinne. Was vor zwei- oder dreihundert Jahren noch Wochen und Monate dauerte, um zu weit entfernten Orten auf der Erde zu kommen, geht heute in Stunden.

Nur zum Vergleich, meine Frau und ich flogen im April 2020 gerade 23 Stunden plus ein Stunde Auftankzeit, zusammen gerade mal 24 Stunden, von Melbourne nach Frankfurt zurück; von Auckland in Neuseeland dauert es nicht viel länger. Das sind die Antipoden Europas. Weiter geht es nicht auf unserer Erde! Weiter geht es nur in den Kosmos, zum Mond, zum Mars, zum Jupiter und weiter aus unserem Sonnensystem hinaus.

Was hat das mit der Überwindung unserer Staateritis zu tun?

Wir haben in diesem Buch bis jetzt sehr intensiv und breit diskutiert, dass wir unsere europäische Erbkrankheit überwinden müssen, um einen europäischen Bundesstaat zu gründen, die Vereinigten Staaten von Europa (VSE).

Wir haben diskutiert, dass ihr, junge Europäer, diesen Weg gehen müsst, um unser wunderbares Europa zu retten und unsere inneren und äußeren Feinde von euch fernzuhalten.

Wir haben von vielen Seiten beleuchtet, was es bedeutet, wenn ihr den langen Marsch durch die nationalen und EU-Instanzen gehen müsst.

Klingt nicht schön, ich weiß, aber wie heißt ein weiser Spruch (von meiner Mutter immer wieder erzählt):

„Das Bessere ist der Feind des Guten!"

Die Vereinigten Staaten von Europa als Bundesstaat sind allemal besser als die derzeitige EU als Staatenbund und noch viel besser als die jetzige gelebte Staateritis all der vielen und unzähligen Nationalstaatspolitiker, die sich gegenseitig im Wege stehen, statt gemeinsam für Europa, für uns europäischen Bürger, voranzuschreiten und uns Europäern eine Richtung zu geben.

Ihr werdet viele Einwände gegen die VSE hören, unter anderem, dass wir die VSE gar nicht brauchen, weil viele aktuelle Probleme globaler Natur sind. Wir sollten uns daher direkt den globalen Fragestellungen zuwenden und nicht erst über den Umweg der VSE.

Die VSE-Gegner sind nicht dumm, sie wollen euch auf die falsche Fährte locken, um euch vom *Europa-Pfad* weg zu lenken. Das ist ein ganz kaltes Ablenkungsmanöver, um sich nicht der europäischen Vision der Vereinigten Staaten von Europa stellen zu müssen. Und es ist sicherlich auch das Spiel der mächtigen Staaten, uns Europäer klein und gespalten zu lassen. Warum?

Ganz einfach, weil die globalen Probleme zu groß sind, als dass die vielen Klein- und Kleinststaaten, wie sie vorwiegend auf unserem Kontinent existieren, sie als einzelne Länder anpacken und lösen könnten. Um die großen Probleme auf der Welt, wie den Klimawandel oder Pandemien anzugehen, müssen sich die vielen kleinen und mittelgroßen Länder (in Europa) zusammentun, sonst wird ihre Meinung im *globalen Stimmengewirr* nicht wahr genommen. Das ist Fakt! Also müssen sich Gleichgesinnte zusammensetzen und ein einheitliches Meinungsbild erarbeiten.

So herum wird ein Schuh daraus, wie ein Sprichwort sagt. Wir Europäer müssen den ersten Schritt tun, uns *zusammensetzen* und eine *gemeinsame Marschroute* in Europa festlegen, und dann erst die globalen Hemmnisse angehen und lösen.

Egal wie man die Situation *drehen und wenden* will, es muss immer der erste Schritt vor dem zweiten getan werden. Zuerst muss Europa lernen mit einer Stimme zu sprechen und dann erst können wir als europäische Einheit hinaustreten in das babylonische Sprachengewirr der Welt. Auch da führt kein Weg an den Vereinigten Staaten von Europa vorbei.

<u>Eine globale Vision</u>

Es wird viel von einer zukünftigen *Weltherrschaft* gesprochen, weil die Menschheit zusammenwächst und wir alle nur noch *Weltenbürger* sind und als solche geführt werden müssen; eine supra-supra-nationale Ebene, eine *Weltregierung* also.

Bis diese Utopie Wirklichkeit wird, werden noch ein paar Jahrhunderte vergehen. Da ziehe ich es vor, zuvörderst eine starke supranationale europäische Regierung anzustreben, bevor globale Interessen anzugehen wären. Auch bei unrealistischen Situationen war meine Mutter mit einem pragmatischen Spruch dabei:

„Lieber den Spatz in der Hand (besitzen), als die Taube auf dem Dach".

In diesem Sinne möchte ich auch dieses Kapitel abschließen.

Lieber im ersten Schritt baldmöglichst funktionierende Vereinigte Staaten von Europa etablieren, als eine (hoffentlich demokratische) Weltregierung irgendwann in ferner Zukunft schon heute anzustreben.

16.0 EINE ERSTE STRUKTUR DER VSE

Sie, liebe Europäerinnen und Europäer, werden sich fragen, wie eine Struktur der Vereinigten Staaten von Europa aussehen könnte.

So kompliziert ist solch eine neue Struktur nicht, gibt es doch in Europa mittlerweile (Gott sei Dank!) eine Vielzahl von (nationalen) Demokratien. Das kontinentale Verständnis für demokratische Strukturen sowie Regierungen ist sehr ausgeprägt. Liebe Leserin und lieber Leser, Sie müssen sich so ein Regierungskonstrukt vorstellen, als wäre das ihr nationales Demokratiesystem, nur eine supranationale Ebene höher.

Struktur der Vereinigten Staaten von Europa und Nationalstaaten

(Skizze: Rodolfo Di Telo)

Die vorhandenen Nationen innerhalb der Vereinigten Staaten von Europa behalten im Wesentlichen ihre nationalen Rechte. Wichtige Aufgaben müssen aber an die supranationale Ebene abgetreten werden, wie zum Beispiel die Finanzierung der VSE (Haushaltsrecht), Außenbeziehungen, Sicherheit und Verteidigung, VSE-interne Beziehungen wie Infrastruktur, Energie, Gesundheit, innere Sicherheit und Zusammenleben, Versorgung und Agrarwirtschaft.

Es muss ein sinnvolles Gleichgewicht zwischen nationalen und supranationalen Rechten bestehen. Aufgaben, die alle Länder gleichermaßen betreffen, wie zum Beispiel Außenbeziehungen und Sicherheit der VSE, sollten vollständig auf der VSE-Regierungsebene angesiedelt werden, ebenso die relevanten Haushaltsrechte zur Finanzierung der VSE, Verschuldungsgrade etc. Kontrolle/Durchgriffsrechte in die Landeshaushalte zur Vermeidung von Überschuldung und/oder Fehlverwendung von Haushaltsmitteln. Für andere muss es Leitlinien zur Mittelverwendung in den Ländern geben, da diese dann in der Verwaltung (aber unter der Kontrolle der VSE) der Länder liegen.

In einer VSE-Verfassung sollen die oben genannten Forderungen im Detail geregelt werden (siehe Kapitel VSE-Verfassung).

Das VSE-Parlament und die VSE-Bundesregierung:

Im Mittelpunkt der Regierungsstruktur steht das VSE-Parlament, das das zentrale Regierungselement der Vereinigten Staaten von Europa ist, zusammen mit der VSE-Bundesregierung, als Regierungsinstrument des VSE-Parlaments.

Der VSE-Präsident:

Der VSE-Präsident soll die oberste Repräsentanz der Vereinigten Staaten von Europa sein und gleichzeitig auch Teil der Gewaltenteilung des gesamten Regierungssystems.

Die VSE-Nationenkammer:

Die VSE-Nationenkammer stellt die Vertretung der einzelnen Nationen auf der VSE-Regierungsebene dar.

Die VSE-Verfassung:

Parallel zu den zentralen Regierungselementen steht die neue VSE-Verfassung. Sie bildet die Basis der kompletten Struktur der VSE-Regierungsinstrumente.

Ich möchte jetzt im Einzelnen auf die VSE-Regierungsfunktionen eingehen.

<u>Der VSE-Präsident</u>

Das Präsidentenamt gibt es in vielen verschiedenen Ausprägungen auf der Welt, wovon sich meines Erachtens grundsätzlich zwei Versionen herausgebildet haben:

-       Präsident und Regierungsführung in einem
-       Präsident getrennt von Regierungsführung

Präsident und Regierungsführung in einem:

Ist der Präsident gleichzeitig auch der Vorsitzende der Regierung, dann befindet sich zu viel Macht in einer Person vereinigt, weil beide Ämter getrennt schon viel Macht innehaben. Diese Version rührt meines Erachtens aus der frühen Phase der Demokratie im 18. Jahrhundert her, als noch von „Königen auf Zeit" gesprochen wurde, quasi (abwählbare) *Ersatzkönige*. Diese Konstellation ist heute noch in den USA und in Frankreich zu finden. Beide Präsidenten haben (sehr) viel Macht. Sie sind die Regierungschefs und gleichzeitig auch die oberste Instanz im Staat. Sie berufen und entlassen Minister, je nach Bedarf und Gutdünken und können Erlässe unterschreiben.

Gerade die USA zeigen, dass dieses Modell *nicht nur aus der Zeit gefallen*, sondern brandgefährlich sein kann.

Donald Trump hat unübersehbar für die Welt vor Augen geführt, was passieren kann, wenn ein so starker Präsident sein Amt ausdehnt, bis zur juristisch möglichen Grenze. Wenn er Grenzen überschreitet und das gesamte Demokratiesystem in Gefahr bringen oder scheitern lassen kann.

Präsident getrennt von Regierungsführung:

Ich würde es befürworten, wenn es in der VSE eine Gewaltenteilung von

- Präsidentschaft und
- Regierungsführung

gibt, wie es bereits bei vielen europäischen Staaten Praxis ist.

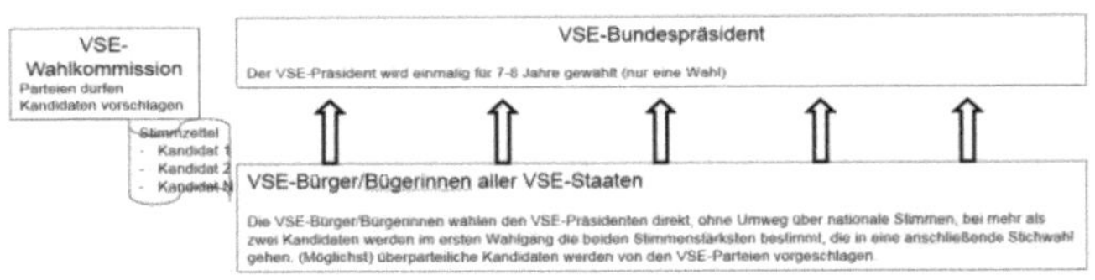

(Skizze: Rodolfo Di Telo)

Die alleinigen Aufgaben des Präsidenten sind sehr beachtlich, weshalb ein VSE-Präsident sich auf folgende Aufgaben beschränken sollte:

- Repräsentation der Vereinigten Staaten von Europa
- Ernennung/Ablösung des Regierungschefs und der Minister (bei einer neuen Wahlperiode)
- Bestellung eines vorläufigen Regierungschefs für Koalitionsgespräche
- Moderation schwieriger Regierungsbildungen
- letzte Unterschrift zu verabschiedeten Gesetzen, das Recht auf kritische Prüfung vor der Unterschrift, zusammen mit einem Verfassungsteam
- eventuell oberster Chef der Streitkräfte; erklärt den Verteidigungsfall in Abstimmung mit der Bundesregierung
- Stimme mit Gewicht als überparteiliche Instanz zu wichtigen tagespolitischen Themen (zum Beispiel bei Überreaktionen und Streit zwischen Parteien)

Die VSE-Bundesregierung und das VSE-Parlament

Parlament und Regierung sind untrennbar miteinander ver-
knüpft. Das Parlament ist die gewählte Vertretung der VSE-
Wähler. Im Parlament sitzen die von Ihnen, liebe Bürgerinnen
und Bürger, direkt gewählten Mandatare auf Zeit.

(Skizze: Rodolfo Di Telo)

VSE-Parteien stellen Listen ihrer Mandatare zum VSE-Parlament auf, die dann von den Bürgern gewählt werden. Die Bürger haben aber das Recht aus der Liste spezifische Mandatare
hervorzuheben und selbstständig Reihungen und Priorisierun-
gen vorzunehmen (Kumulieren und Panaschieren).

Es sollte auf keinen Fall indirekte Wahlen mittels nationaler
Parteien geben (wie aktuell in der EU) oder mittels „Wahlmän-
nern" (wie in den USA). Die indirekte Wahl, also die Wahl der
Mandatare über nationale Parteien, führt dazu, dass die nationalen Parteien bestimmen, was in der supranationalen Ebene
beschlossen wird. Es kann also passieren, dass es zu Zank
und Streit im Parlament kommen kann, wenn nationale Kräfte
versuchen Entscheidungen in ihrem Sinne zu beeinflussen. Die
heutige EU zeigt überdeutlich zu welchen kleinlichen Streitereien diese Parlamentsstruktur führt, sie hat eine solche Partei-
struktur im europäischen Parlament.

Die direkte Wahl der Mandatare zum Parlament durch die VSE-
Bürger gewährleistet, dass das VSE-Parlament eine starke
parlamentarische Rolle innerhalb der Vereinigten Staaten von

Europa spielt. Die direkte Wahl sorgt dafür, dass das Parlament unabhängig von nationalen Einflüssen den Regierungsgeschäften nachgehen kann. Die nationalstaatlichen Einflüsse fließen nur über die unten beschriebene VSE-Nationenkammer indirekt in die Parlamentsgeschäfte ein; die VSE-Nationenkammer ist daher das Korrektiv des VSE-Parlaments.

<u>Die VSE-Nationenkammer</u>

Die VSE-Nationenkammer stellt die Vertretung der Länder in der VSE-Regierungsebene dar.

(Skizze: Rodolfo Di Telo)

Die VSE-Nationenkammer wird von Mandataren aus den Ländern besetzt. Die Länder haben das exklusive Entsendungsrecht in die VSE-Nationenkammer ohne Beeinflussung durch das VSE-Parlament.

Die Nationenkammer soll das Korrektiv zum stark positionierten VSE-Parlament sein, speziell im Bereich der Gesetzgebung, der Haushaltsführung und weiteren Bereichen. Jede Macht braucht Kontrolle, in diesem Fall die Nationenkammer zusammen mit dem Präsidenten (siehe VSE-Präsident).

Die Nationenkammer soll sich aliquot zur jeweiligen Länderregierung zusammensetzen, um in etwa das Wahlverhalten abzubilden. Sinnvoll ist auch ein ungefährer Bezug zur Bevölkerungsgröße des Landes, zum Beispiel pro 1 Million Einwohner je ein Mandatar. Das erlaubt eine übersichtliche Zunahme, sobald weitere Länder in die VSE eintreten wollen.

<u>Die VSE-Verfassung</u>

Eine VSE-Verfassung ist das Kerndokument und die Basis der Regierungsstruktur der neuen Vereinigten Staaten von Europa (VSE). In Kapitel 7 meines Buchs „Wir Europäer wollen wieder mehr Europas wagen" habe ich bereits darauf Bezug genommen.

Da ich kein Jurist, und vor allem kein Europarechtler bin, möchte ich diesen Damen und Herren gerne den Vortritt lassen. Ich würde diese aber bitten, nicht zu lange mit der Erstellung zu warten. Ich bin überzeugt, eine *Handvoll* dieser Spezialisten reicht anfänglich aus, um ein gutes Basiswerk zur Diskussion zu erstellen.

17.0 EUROPÄISCHE (VSE) AUFGABEN

„Jeder einzelne dieser Bereiche ist so groß, dass kein Land in Europa diese Aufgaben wird alleine lösen können; schon von daher wird es dringend notwendig
sein, gemeinsam diese Aufgaben anzugehen. Auch aufgrund dieser Probleme
muss ein supranationaler Bundesstaat eingerichtet werden, weil lose Staaten-
bünde immer wieder zum Rosinenpicken Einzelner verführt und damit die anderen automatisch schwächt oder benachteiligt, oder in dem die Themenkreise von
Jahr zu Jahr hinausgeschoben, verzögert, oder gar ganz von der Agenda genommen werden."
(Quelle: Rodolfo Di Telo, „Wir Europäer wollen wieder mehr Europa wagen", Kapitel 8)

Die Corona-Pandemie hat viele Probleme der EU *an die Ober-
fläche geholt,* die vorher schon virulent waren, aber *unter dem
Teppich gehalten* wurden. Erst mit der Pandemie waren sie
nicht mehr zu unterdrücken. Ich denke hier an

- Pandemien und Pandemiebekämpfung
- Globalisierung und die Konsequenzen
- Logistik und (globale) Lieferketten
- Kommunikation und IT
- Gesundheit und Gesundheitsversorgung

Und dann gibt es welche, die nur als VSE/EU zusammen gelöst
werden können wie

- Sicherheit der EU-Staaten
- Klimawandel/Klimaveränderung
- Energieerzeugung und –verteilung
- Verkehrsinfrastruktur und –technik
- Migration
- Zukunftstechnologien

Diese, beileibe nicht vollständige, Aufzählung deutet nur an,
vor welchen Herausforderungen wir Europäer stehen. Und
diese Aufgaben können wir nur bewältigen, wenn wir sie gemeinsam anpacken. Das sollte unter einer klaren Führung passieren und mit einer Vision, die wirklich eine ist – *kein Kompass*
nach *Muttis Art*!

Anhand der grassierenden Corona-Pandemie zeigt sich überdeutlich, dass wir Europäer innerhalb der EU nicht in der Lage sind gegen solch epochale Katastrophen anzugehen, geschweige denn gemeinsame Lösungen zu finden. Jedes Land wurschtelt allein vor sich hin, weil es keine gemeinsamen Pläne gibt. Jedes Land entwickelt eigene Regelungen und schließt im Zweifelsfalle die Grenzen zum Nachbarstaat.

Ja, da sind wir stark, wir Europäer, *beim Grenzen ziehen - und beim Grenzen schließen*. Grenzpfähle aufstellen und Abgrenzungen markieren haben wir seit Jahrhunderten bis zur höchsten Stufe geübt und trainiert. Landvermessung war und ist ein einträgliches Geschäft in Europa. Und dazu Exportkontrollen jeglicher Art. Das ist das, was unseren Nationalpolitikern zum Thema Pandemie einfällt.

Statt, dass unsere Nationalpolitiker nur ein bisschen ihrer Macht an die supranationale Ebene abgeben, damit die EU supranationale Notfallpläne entwickeln darf, klammern sie sich an ihre nationalen Eigenständigkeiten und Machtdemonstrationen. Dabei wäre gerade ein Notfall, wie die aktuelle Pandemie, ein Beispiel für gezielte supranationale Zusammenarbeit. Das Aufstellen von Notfallplänen, das schnellstmögliche Zusammenstellen eines supranationalen Leitungsteams, das die Befugnis hat, *durchregieren* zu dürfen sowie das Bereitstellen notwendiger Lager für medizinische Geräte und Medikamente sowie deren europaweite Verteilung sollte tatsächlich schon längst eine EU-weite Aufgabe sein.

Warum wollen die europäischen Nationalpolitiker nicht von anderen Ländern lernen, zum Beispiel von den USA, die rechtzeitig ein „WARP-SPEED"-Programm ins Leben riefen, und damit die Möglichkeit erhielten, gezielt US-amerikanische Pharmaunternehmen bei der Vorausproduktion von Impfstoffen zu unterstützen.

Aber für all diese großen Herausforderungen brauchen wir Menschen mit Führungsqualitäten. Wir brauchen Politiker, die uns den Weg zeigen, aber nicht solche, die in alle Richtungen davonlaufen, sondern die ein Team, eine Regierung, bilden und die uns in die Zukunft führen.

Auch wieder ist es angezeigt, dass wir Europäer in einem gemeinsamen, nach außen starken Bundesstaat, in

DEN VEREINIGTEN STAATEN VON EUROPA

uns zusammenfinden und gemeinsam die Probleme bewältigen.

Gemeinsam heißt aber auch, dass wir Europäer europäische Parteien gründen. Auch müssen wir europäische Medien etablieren, die uns über diese gesamteuropäischen Aufgaben kritisch berichten, das ist nun mal deren primäre Verantwortung.

Damit möchte ich überleiten auf meinen nächsten Diskussionsbeitrag.

Mehr Europa wagen - der Weg!

18.0 LITERATURVERZEICHNIS

Menschen, Bücher und Dokumente haben mir bei meinen Überlegungen zu diesem Buch geholfen. Es ist nichts neu, sondern oft nur „vergraben" und mittels moderner Medien nach oben geholt, oder manchmal hochgepoppt und dann wieder in der Versenkung verschwunden.

Die einzelnen genannten Zitategeber haben mir geholfen, mich in meinem Buch bei der Richtungsfindung zu unterstützen. Ich fühlte mich nicht so allein gelassen, bei den Überlegungen.

Viele erste Informationen, Kenntnisse und Anregungen verdanke ich verschiedenen Lehrern im Gymnasium, die mich als Schüler mittels Diavorträgen und Erzählungen schon in frühester Jugend inspirierten, *die Welt und die Geschichte* zu erkunden. Ich fand die Fächer Geschichte und Geografie immer sehr interessant und bereichernd, der Schulatlas war mein ständiger Begleiter und Wissensschatz während der Schulzeit. Das gleiche gilt für Geschichtsbücher, die mich anregten, in die Geschichte einzutauchen.

In weiterer Folge durfte ich viele Auslandsreisen, beruflich wie privat, unternehmen und so lernte ich schon vor dieser Reise viele Länder kennen. Diverse Reiseführer und Sachbücher unterstützten die laufende Kenntniserweiterung. Persönliche Kontakte während meiner Auslandsprojekte öffneten meinen Meinungshorizont.

Neben Tageszeitungen und Wochenmagazinen wie die FAZ und der Spiegel stehen natürlich die modernen Medien wie das Fernsehen und das Internet, die heutzutage praktisch alles finden lassen, wenn man nur lange genug recherchiert. Gute Dokumentationen auf Phoenix, ARD, ZDF, NTV wie zum Beispiel „History" oder andere Geschichtssendungen öffnen jedem Interessierten die Welt der Vergangenheit, das „World-Wide-Web" tut sein Übriges; Wikipedia steht nur beispielhaft für die schiere Vielzahl an gehaltvollen Online-Plattformen.